Originaltitel: Steuerlösung Zypern.

©Steuerlösung Zypern, Víctor Martínez und Carlos Martínez, 2024.

Autoren: Víctor Martínez und Carlos Martínez.

© Umschlag und Illustrationen: Víctor Martínez und Carlos Martínez.

Layout und Design: Víctor Martínez und Carlos Martínez.

Alle Rechte vorbehalten.

Diese Veröffentlichung darf weder vollständig noch teilweise reproduziert, gespeichert, registriert oder übertragen werden, weder auf mechanische, fotochemische, elektronische, magnetische, elektrooptische Weise, noch durch Fotokopien oder Informationsspeichersysteme oder auf irgendeine andere gegenwärtige oder zukünftige Art und Weise, ohne die vorherige schriftliche Genehmigung der Urheberrechtsinhaber.

STEUERLÖSUNG ZYPERN

Wesentlicher Leitfaden für die persönliche und geschäftliche Verlegung nach Zypern.

INHALTSVERZEICHNIS

1. Einführung.
2. Unsere persönliche Erfahrung.
3. Zweck unserer Arbeit und Kontakt.
4. Interessante Berufe für den Umzug nach Zypern.
5. Unternehmensmigration.
6. Unternehmensgründung.
7. Yellow Slip.
8. Non-domicile.
9. Verfahren: Sie sind kein Bürger der Europäischen Union.
10. Unternehmens-Mehrwertsteuerregistrierung + Unternehmenssteuerregistrierung + Unternehmensführungsregistrierung.
11. Persönliche Steuerregistrierung.
12. Intracommunity VAT or cross-border (VIES).
13. Gehalt.
14. IP-Box.
15. Buchhaltung.
16. Investition: Kryptowährungen, EFT, Trading, Aktienmarkt...
17. Bankkonten.
18. Immobilien: Miete und Kauf von Wohnungen.
19. Anmeldung Stromversorgung.
20. Anmeldung Wasserversorgung.
21. Versicherungen: Gesundheit und Fahrzeug.
22. Miete und Kauf von Fahrzeugen.
23. Unternehmen: Internet und Telefon.
24. Coworking-Räume.
25. Essen Lieferdienst.
26. Staatsbürgerschaft.
27. Sicherheit.
28. Schulbildung.
29. Häufig gestellte Fragen.
30. Geschichte von Zypern.
31. Krise der zyprischen Banken.
32. Wichtigste Städte und Touristenattraktionen.
33. Typische Speisen.
34. Kuriositäten.

1
EINLEITUNG.

Im Herzen des Mittelmeers erhebt sich Zypern nicht nur als Kreuzungspunkt der Kulturen und als touristisches Juwel, sondern auch als attraktives Zentrum für Einzelpersonen und Unternehmen, die ihr steuerliches Umfeld optimieren und von einem günstigen Geschäftsumfeld profitieren möchten.

Dieses Buch, das Ergebnis der gesammelten Erfahrung und des tiefen Wissens eines Teams von spezialisierten Beratern, wird als wesentlicher Leitfaden für diejenigen vorgeschlagen, die einen Wechsel des steuerlichen Wohnsitzes nach Zypern in Betracht ziehen, sowohl für Privatpersonen als auch für Unternehmensentitäten.

Auf seinen Seiten teilen wir unsere persönliche Erfahrung, nicht nur als Berater, sondern auch als aktive Teilnehmer am Übergangsprozess zu einem neuen steuerlichen Wohnsitz in Zypern.

Unser Ziel geht über die bloße Beratung hinaus; wir streben danach, eine Brücke zu sein, die Träume mit Realitäten verbindet und einen reibungslosen Übergang gemäß den rechtlichen Vorschriften erleichtert.

Unsere Kunden reichen von Einzelunternehmen bis zu multinationalen Konzernen, einschließlich derjenigen, die einen sicheren Hafen für ihre Investitionen in Kryptowährungen, ETFs, Trading und die Börse suchen.

Für jeden bietet Zypern fruchtbaren Boden für Wohlstand und Wachstum.

Von der Unternehmensmigration und der Unternehmensgründung bis zur Erlangung des "Yellow Slip", über den Status des "Non-Domicile" bis hin zur Handhabung spezifischer Aspekte deckt dieses Buch alle notwendigen Details für einen erfolgreichen Übergang ab.

Wir erläutern die Verfahren zur Umsatzsteuerregistrierung und Unternehmensverwaltung sowie die Erlangung steuerlicher Vorteile durch die "IP Box" und behandeln die Besonderheiten der Buchhaltung im zyprischen Kontext.

Die Investition, der Kauf oder das Leasing von Fahrzeugen, die Verwaltung von Bankkonten, der Immobilienmarkt und sogar so alltägliche, aber entscheidende Aspekte wie Versicherungen und Schulbildung werden detailliert erläutert und bieten einen unverzichtbaren Wissensschatz für den modernen Auswanderer.

Außerdem, aufgrund der Bedeutung der Integration in die reiche zyprische Kultur, besprechen wir Aspekte wie Sicherheit und erkunden die wichtigsten Städte und Touristenattraktionen, ohne die Freude an der typischen lokalen Küche zu vergessen.

Dieses Buch ist nicht nur ein steuerlicher und geschäftlicher Leitfaden, sondern auch ein Fenster zum Leben in Zypern und bietet Antworten auf häufig gestellte Fragen und ebnet den Weg zur Erlangung einer neuen Staatsangehörigkeit, falls dies erforderlich ist.

Willkommen im nächsten Kapitel Ihres Lebens in Zypern, wo Geschichte, Innovation und Möglichkeiten zusammentreffen, um eine sehr wohlhabende Zukunft zu schaffen.

2

UNSERE PERSÖNLICHE ERFAHRUNG.

Auf der Suche nach neuen Horizonten, die Sicherheit, eine günstige Steuerpolitik und ein stabiles Umfeld zum Leben und Geschäftemachen kombinieren, entschieden wir, zunächst zwei spanische Unternehmer mit solider Erfahrung im Beratungs- und Versicherungssektor sowie im Unternehmertum durch den weltweiten Verkauf von Produkten auf Amazon, unser geliebtes Land Spanien hinter uns zu lassen.

Trotz der tiefen Liebe, die wir für jeden Winkel unseres Landes und die Wärme seiner Menschen empfanden, trieben uns die Herausforderungen hoher Steuern, zunehmender Unsicherheit auf den Straßen und politischer Instabilität dazu, eine Alternative zu suchen, die besser mit unseren persönlichen und beruflichen Bestrebungen übereinstimmte.

Nach einer gründlichen Analyse verschiedener Optionen wie Portugal, Malta, Estland, Andorra, Bulgarien und Ungarn, kristallisierte sich Zypern als ideales Ziel heraus.

Die Mittelmeerinsel versprach nicht nur ein sicheres Umfeld und eine attraktive Steuerstruktur, sondern auch die Möglichkeit, in eine reiche Kultur einzutauchen und einen beneidenswerten Lebensstil zu genießen, allerdings war der Übergang nicht einfach.

Das Beenden der wirtschaftlichen Aktivität in Spanien bedeutete, sich einer Reihe von Herausforderungen zu stellen, wobei besonders hervorzuheben ist, dass das Frustrierendste die ständige Enttäuschung war, die wir von Beratern erhielten, die theoretisch auf die Unternehmensgründung in Zypern spezialisiert waren, und bei weitem nicht den Erwartungen in Bezug auf Effizienz, Engagement und Professionalität entsprachen.

Trotz des schlechten Managements der "Experten"-Berater, die wir engagierten, gaben wir nicht auf und unsere Entschlossenheit führte uns dazu, die umständlichen Verfahren der zyprischen Bürokratie persönlich anzugehen.

Dieser Lernprozess, obwohl mühsam, ermöglichte es uns, ein tiefes Verständnis für die notwendigen Verfahren zu erwerben, um sich zu etablieren und die wirtschaftliche Tätigkeit nach Zypern auf optimierte und professionelle Weise zu verlagern.

Die Erfahrung war nicht nur in einem persönlichen und beruflichen Sinne transformativ, sondern säte auch den Samen für ein neues Unternehmertum.

Nachdem wir uns in Zypern niedergelassen hatten und die Vorteile der getroffenen Entscheidung aus erster Hand erlebt hatten, begannen wir, unser erworbenes Wissen und unsere Erfahrungen mit Freunden, Branchenkollegen und anderen Fachleuten zu teilen.

Die Unterstützung erwies sich für viele, die ihre steuerliche Situation verbessern und ein Gleichgewicht zwischen Berufs- und Privatleben in einer günstigeren Umgebung finden wollten, als unschätzbar wertvoll.

Die Nachfrage nach Beratung wuchs so stark, dass wir uns veranlasst sahen, unser Angebot zu formalisieren, indem wir die Erfahrungen, gelernten Lektionen und geknüpften Kontakte in einen professionellen Service verwandelten, der für diejenigen bestimmt ist, die daran interessiert sind, sich nach Zypern zu verlegen.

Heute bieten wir einen einzigartigen Service an, gekennzeichnet durch kontinuierliche Betreuung und hochwertige Beratung, spezialisiert auf die Gründung internationaler Unternehmen in Zypern.

Der persönliche Ansatz, basierend auf unserer eigenen Reise und den überwundenen Herausforderungen, ermöglicht es uns, die Kunden durch das bürokratische Labyrinth zu führen, um eine 100% erfolgreiche Übersiedlung und Etablierung auf der Insel sicherzustellen.

Durch die Beratung haben wir eine Brücke zwischen unseren spanischen Wurzeln und unserer angenommenen Heimat Zypern geschlagen, was zeigt, dass es möglich ist, sich neu zu erfinden und in einer neuen Umgebung zu gedeihen, ohne zu vergessen, woher wir kommen.

3

ZWECK UNSERER ARBEIT UND KONTAKT.

Die Steuerlösung Zypern ist auf die Bereitstellung strategischer und maßgeschneiderter Steuerlösungen spezialisiert, mit dem Hauptziel, Ihre steuerliche Situation in Zypern zu optimieren.

Wir bemühen uns sicherzustellen, dass Sie innerhalb des rechtlichen Rahmens so wenig Steuern wie möglich zahlen, um so Ihre Gewinne und betriebliche Effizienz zu maximieren.

Wir verstehen, dass jedes Unternehmen einzigartige Bedürfnisse hat, weshalb unser Angebot immer individuell angepasst wird.

Für die meisten unserer Kunden haben wir jedoch eine besonders effektive Struktur gefunden.

Diese strategische Struktur ermöglicht es, das vorteilhafte Steuersystem des Landes optimal zu nutzen.

Ihr Unternehmen kann somit von einem Körperschaftsteuersatz von nur 12,50 % pro Jahr profitieren.

Darüber hinaus werden wir die Anmeldung im "Non-Dom"-Regime von Zypern verwalten, was bedeutet, dass die auf Dividendenauszahlungen an Ihre natürliche Person anfallenden Steuern für einen Zeitraum von 17 Jahren auf 2,65 % pro Jahr gesenkt werden, gemäß einer Vereinbarung mit der zypriotischen Finanzverwaltung.

Dieser Ansatz ist nicht nur effizient, sondern auch vollständig legal gemäß den geltenden Steuergesetzen in Zypern.

Dieses Regime bietet einen erheblichen steuerlichen Vorteil, ohne die Legalität oder Transparenz Ihrer finanziellen Operationen zu gefährden.

Ein bemerkenswerter Aspekt dieses Regimes ist die Flexibilität, die es in Bezug auf den Wohnsitz bietet.

Um diese Steuervorteile zu nutzen, ist es erforderlich, dass Sie nur 60 Tage im Jahr in Zypern wohnen, was Ihnen große Freiheit bei der Verwaltung Ihrer Zeit und Ihrer physischen Präsenz bietet.

Es ist jedoch wichtig sicherzustellen, dass Sie sich nicht mehr als 183 Tage in einem anderen Land aufhalten, um Ihren steuerlichen Status in Zypern nicht zu beeinträchtigen.

Schließlich haben Sie innerhalb dieses Steuerschemas auch die Möglichkeit, ein monatliches Gehalt zu erhalten, das von Sozialversicherungsbeiträgen und Einkommensteuer befreit ist.

Anstelle traditioneller Sozialversicherungsbeiträge können Sie sich für eine private Krankenversicherung entscheiden, was eine Voraussetzung für die Inanspruchnahme dieses Vorteils ist.

Unser Expertenteam ist darauf spezialisiert, Sie durch jeden Schritt dieses Prozesses zu führen, um sicherzustellen, dass jeder Aspekt der Steuerstruktur professionell, präzise und in Übereinstimmung mit Ihren geschäftlichen und persönlichen Zielen gehandhabt wird.

Mit unserer Beratung können Sie sicher sein, dass Ihre steuerliche Situation nicht nur optimiert, sondern auch langfristig nachhaltig sein wird.

Hunderte von Kunden, hauptsächlich aus Spanien, Deutschland, Frankreich und Italien, haben ihre Träume bereits mit unserer Steueroptimierung, Transparenz, Legalität und qualitativ hochwertiger persönlicher Betreuung verwirklicht.

Wenn Sie Ihr Unternehmen in Zypern gründen möchten oder eine individuelle Beratung benötigen, um Ihre steuerliche Situation eingehend zu verstehen, kontaktieren Sie uns über:

- Webseite: **www.solucionfiscalchipre.com**
- E-Mail: **cyprustaxsolution@gmail.com**
- Mobiltelefon mit WhatsApp: **+357 99953934**

4

INTERESSANTE BERUFE FÜR EINE ÜBERSIEDLUNG NACH ZYPERN.

Wir betreuen eine Vielzahl von Kunden, die in zahlreichen Ländern der Europäischen Union unterschiedliche wirtschaftliche Tätigkeiten ausüben. Dennoch machen digitale Nomaden, die von der Freiheit profitieren, von überall aus arbeiten zu können, etwa 70% unserer Kunden aus, die sich entscheiden, ihr Unternehmen in Zypern zu gründen und mindestens 60 Tage im Jahr dort zu leben.

Dies liegt an der Flexibilität, die sie haben, da sie es ihnen ermöglicht, neue Kulturen und Lebensstile zu erkunden, ohne ihre Karrieren oder Einkommen zu gefährden. Daher ist Zypern mit seinem angenehmen Klima, seiner reichen kulturellen Geschichte und seinem steuerlichen Regime, das für viele Arten von ausländischen Arbeitnehmern und Unternehmen günstig ist, zu einem attraktiven Ziel für sie alle geworden.

Einige unserer Kunden, die digitale Nomaden sind, sind in den folgenden Bereichen tätig:

-Softwareentwicklung und Webdesign.
-Digitales Marketing und Social-Media-Management.
-Erstellung von Inhalten für Websites wie YouTube, Social-Media-Plattformen sowie Blogging und Erstellung von Online-Kursen.
-Beratung in Finanzen, Bildung, Therapien und Online-Coaching.
-E-Commerce durch den weltweiten Verkauf von Produkten auf Plattformen wie Amazon, Online-Shops und Dropshipping.
-Grafikdesign und Animation.
-Programmierung und Datenanalyse.
-Dienstleistungen als virtuelle Assistenz.
-Investitionen und Online-Trading.
-Entwicklung von Videospielen.
-Musikproduktion und Tontechnik.
-Virtuelle Architektur und Innenarchitektur.
-Cybersicherheit und IT-Beratung.

5

UNTERNEHMENSMIGRATION.

Die Planung der Unternehmensmigration unter Berücksichtigung des Steuerjahres der beteiligten Gerichtsbarkeiten ist entscheidend, um einen reibungslosen und effizienten Übergang für Unternehmen zu gewährleisten, die sich umstrukturieren oder international expandieren möchten.

Dieser Ansatz erleichtert nicht nur das administrative Management, sondern ist auch entscheidend, um die globale Steuerlast zu optimieren.

Im Folgenden vertiefen wir die Bedeutung dieser Planung und bieten praktische Überlegungen für deren Umsetzung, mit einem besonderen Fokus auf die Migration in den ersten 6 Monaten des Jahres, um eine Doppelbesteuerung zu vermeiden.

Bedeutung der Planung im Hinblick auf das Steuerjahr:

-Steuerjahr in jedem Land: Es ist entscheidend, das Steuerjahr der Herkunfts- und Zielgerichtsbarkeit zu kennen. In Spanien beispielsweise erstreckt sich das Steuerjahr vom 1. Januar bis zum 31. Dezember, während es in anderen Ländern variieren kann. Zypern folgt ebenfalls dem Kalenderjahr für steuerliche Zwecke.

-Steuerliche Klarheit: Die Aufnahme von Geschäftstätigkeiten in einem neuen Land zu Beginn seines Steuerjahres bietet eine klare Grundlage für die Buchhaltung und Steuererklärung, indem die Geschäftstätigkeiten mit dem vollständigen Steuerzyklus des Ziellandes in Einklang gebracht werden.

-Vermeidung der Doppelbesteuerung: Die Planung der Migration in Übereinstimmung mit den Steuerjahren ermöglicht es Unternehmen, das Risiko einer doppelten Besteuerung derselben Einkünfte erheblich zu verringern. Die Migration in den ersten 6 Monaten des Steuerjahres kann besonders strategisch sein, da sie dem Unternehmen ermöglicht, sich vor Abschluss des halben Steuerjahres in seinem neuen Steuerdomizil zu etablieren und die Doppelbesteuerungsabkommen zu nutzen, um die Einkünfte des laufenden Jahres angemessen zuzuordnen.

- **Kapitalfluss und Budget:** Das Verständnis und die Planung im Einklang mit dem Steuerzyklus erleichtern eine bessere Verwaltung des Cashflows und der Budgetplanung, unter Berücksichtigung der steuerlichen und finanziellen Verpflichtungen in beiden Gerichtsbarkeiten.

- **Regulatorische Einhaltung:** Die Ausrichtung auf den Steuerkalender gewährleistet die effektive Einhaltung der regulatorischen und Meldepflichten, was die Einhaltung in mehreren Gerichtsbarkeiten vereinfacht.

- **Professionelle Beratung:** Angesichts der Komplexität internationaler Steuergesetze und potenzieller gesetzlicher Änderungen ist die Beratung durch einen Steuerexperten von unschätzbarem Wert. Ein Berater kann den optimalen Zeitpunkt für die Migration bestimmen, um steuerliche Vorteile zu maximieren und Risiken zu minimieren.

- **Vorbereitung von Dokumenten und Einhaltung der Vorschriften:**
Die frühzeitige Vorbereitung von Dokumenten und das Verständnis der Compliance-Anforderungen sind unerlässlich, um einen reibungslosen Übergang zu gewährleisten und steuerliche Probleme zu vermeiden. Daher empfehlen wir, die Neugründung des Unternehmens in Zypern 1-2 Monate im Voraus zu beantragen.

- **Modell 030 in Spanien einreichen:**
Dies bezieht sich auf das Register der Steuerpflichtigen – die Anmeldung, Änderung des Wohnsitzes und/oder Änderung persönlicher Daten.
Die Einreichung ist nicht obligatorisch, aber empfehlenswert.
Für das Jahr, in dem der Wohnsitz von Ihrem Land nach Zypern verlegt wird, müssen Sie, falls Sie das Modell 030 nicht einreichen, nachweisen und belegen, dass Sie weniger als 183 Tage steuerlicher Wohnsitz in Spanien oder in Ihrem Land waren und daher nicht verpflichtet sind, die Steuererklärung einzureichen.

- **Anmeldung bei der Botschaft Ihres Landes in Zypern:**
Dies ist nicht obligatorisch, aber nützlich, um den Prozess der Trennung von Ihrem Herkunftsland fortzusetzen.
Die Dokumente, die Sie für die Anmeldung benötigen, sind:
- Yellow Slip + 1 Kopie davon
- 1 Passfoto
- Personalausweis + Reisepass + 1 Kopie derselben Dokumente.

6
UNTERNEHMENSGRÜNDUNG.

Vorteile: Körperschaftssteuer 12,5 %

Ungefähre Dauer: Von 3 Wochen bis zu einem Monat.

Erforderliche Informationen für die Abwicklung:

-3 mögliche Firmennamen, in der Reihenfolge der Präferenz aufgelistet.

Wenn du den Prozess von etwa 7-14 Tagen beschleunigen möchtest, kannst du dies angeben und wir zeigen dir verschiedene Namen, die die Beratungsfirma bereits gekauft hat, damit du einen davon auswählen und er dir übertragen werden kann.

-Absatz mit Geschäftsbeschreibung auf Englisch.

-Fotos von Personalausweis und Reisepass.

-Name des Firmendirektors (es können 2 Partner als Direktoren sein).

-Name des Unternehmenssekretärs (es kann nur einen Sekretär geben).

-Wenn es mehrere Partner-Aktionäre gibt, muss der Anteil der Aktien, den jeder im neuen Unternehmen hält, festgelegt werden.

7
YELLOW SLIP.

Der "Yellow Slip" ist ein offizielles Dokument, das als Daueraufenthaltsregistrierungszertifikat für Bürger der Europäischen Union (Permanent Residence Registration Certificate for European Union Citizens) bezeichnet wird.

Dieses Dokument wird an Bürger der Europäischen Union (EU) und deren Familienangehörige ausgestellt, die mindestens 2 Monate im Jahr in Zypern wohnen.

Der "Yellow Slip" ist gelb, daher sein informeller Name, und dient als Nachweis des legalen Aufenthalts in Zypern für EU-Bürger und deren direkte Familienangehörige.

Es ermöglicht den Inhabern den Zugang zu einer Reihe von Rechten und Dienstleistungen in Zypern, wie öffentliche Gesundheitsversorgung, öffentliche Bildung und Beschäftigung.

Sobald das Unternehmen gegründet ist, können wir den Yellow Slip beantragen.

Dies ist ein Verfahren, bei dem du persönlich im Einwanderungsbüro in Nikosia (Zypern) erscheinen musst, begleitet von einem Mitarbeiter der Beratungsfirma, der dich zu jedem Zeitpunkt führt und unterstützt.

Du wirst benachrichtigt, wenn dein Termin ansteht, und mit deiner Zustimmung wird der Tag und die Uhrzeit bestätigt, zu der du persönlich erscheinen sollst.

Erforderliche Informationen für die Bearbeitung:

-3 Monate Kontoauszüge Ihres persönlichen Kontos: Es wird empfohlen, ein Mindesteinkommen von 1500 € pro Monat nachzuweisen.

-3 Belege für in Zypern getätigte Einkäufe und den entsprechenden Kontoauszug: Supermarkt, Café, Imbiss, Taxi usw.

-Kopie des Reisepasses.

-Einkommensnachweise: 3 Kontoauszüge mit Gehaltseingängen oder Arbeitsvertrag.

-Krankenversicherung: Wenn der Kunde keine hat, wird die Beratung bei der Beschaffung einer Versicherung im Wert von ca. 200 € behilflich sein, die die Mindestdeckung für die Validierung bietet. Zusätzlich zu den Vertragsunterlagen müssen die Versicherungsbedingungen, die die abgedeckten Leistungen angeben, eingereicht werden.

-Telefonnummer: Kann entweder aus Ihrem Herkunftsland oder aus Zypern stammen, falls Sie dort bereits eine haben.

-1-Jahres-Mietvertrag für die in Zypern gemietete Wohnung.

8
NON-DOMICILE.

Es handelt sich um ein spezielles Steuersystem, das es Personen, die keine Steueransässigen von Zypern sind, ermöglicht, erhebliche Steuervorteile zu genießen.

Unter diesem Regime können Personen, die als "nicht domiziliert" in Zypern gelten, die Steuern auf ausländische Einkünfte (alle Einkünfte, die außerhalb von Zypern erzielt werden) erheblich reduzieren.

Sobald der Yellow Slip bearbeitet wurde, können wir den Non-Domicile-Status beantragen.

Die Non-Domicile-Genehmigung erhalten Sie voraussichtlich Anfang des Folgejahres.

Die Steuerbehörden werden überprüfen, ob Sie sich 60 Tage in Zypern aufgehalten haben und nicht mehr als 183 Tage in einem anderen Land, und sie werden auch Bankauszüge für das gesamte Jahr sowie eine Excel-Analyse mit all Ihren Reisen rund um die Welt und den entsprechenden Bordkarten anfordern.

Vorteile:

-Dividendenauszahlungen werden mit 2,65 % bis zu 180.000 € besteuert. Alles, was 180.000 € übersteigt, ist steuerfrei.

-Es wird ein Vertrag mit der Regierung Zyperns geschlossen, durch den Ihnen diese Bedingungen für 17 Jahre gewährt werden.

-Es ist nur erforderlich, 60 Tage in Zypern zu leben, um die Steueransässigkeit und die damit verbundenen Steuervorteile zu erhalten.

Wichtige Überlegungen:

Wenn Sie in Zypern leben und sich als steuerlicher Einwohner dieses Landes betrachten, sollten Sie darauf achten, nicht mehr als 183 Tage in Spanien zu verbringen, aus mehreren Gründen:

-**Steuerlicher Wohnsitzstatus:** Wenn Sie mehr als 183 Tage in Spanien verbringen, werden Sie gemäß der spanischen Gesetzgebung automatisch zum steuerlichen Einwohner Spaniens, was bedeutet, dass Ihre weltweiten Einkünfte in Spanien besteuert werden. Als steuerlicher Einwohner Spaniens müssen Sie nicht nur Einkünfte, die in Spanien erzielt werden, deklarieren und versteuern, sondern auch alle Einkünfte, die in anderen Ländern, einschließlich Zypern, erzielt werden.

-**Doppelbesteuerung:** Obwohl Spanien und andere Mitgliedsländer der Europäischen Union mit Zypern ein Doppelbesteuerungsabkommen haben, um zu verhindern, dass ihre Bürger zweimal auf dasselbe Einkommen Steuern zahlen, kann die Verwaltung dieser Steuergutschriften komplex sein und die Steuerlast nicht unbedingt vollständig eliminieren. Sie könnten sich in einer Situation befinden, in der Sie in beiden Ländern Steuererklärungen abgeben müssen und durch den Prozess der Beantragung von Steuergutschriften für die in dem anderen Land gezahlten Steuern navigieren müssen, was ein komplizierter Prozess sein kann und möglicherweise zu höheren Steuerzahlungen führt als erwartet.

-**Zusätzliche Kriterien:** In Spanien und anderen Ländern der Europäischen Union werden weitere Faktoren berücksichtigt, um den steuerlichen Wohnsitz zu bestimmen, wie der Mittelpunkt der wirtschaftlichen Interessen, der Ort, an dem sich Ihre Frau und Kinder befinden, und ob Sie eine dauerhafte Wohnung in Ihrem Herkunftsland zur Verfügung haben (sei es gemietet oder in Ihrem Besitz). Dies bedeutet, dass Sie auch dann als steuerlicher Einwohner betrachtet werden könnten, wenn Sie weniger als 183 Tage in Spanien verbringen, falls die Regierung nachweisen kann, dass Ihre wirtschaftlichen oder persönlichen Bindungen stärker zu Ihrem Herkunftsland als zu einem anderen Land sind. Daher sollten Sie keine wirtschaftlichen oder familiären Interessen in Ihrem Herkunftsland haben, und zudem sollten Sie keine Wohnung zur Verfügung haben – falls sie in Ihrem Besitz ist, sollten Sie diese an Dritte vermieten.

-**Doppelbesteuerung vermeiden:** Um nicht in beiden Ländern steuerpflichtig zu werden und einer Doppelbesteuerung zu begegnen, ist es wichtig, deine Aufenthalte in deinem Heimatland und in Zypern sorgfältig zu planen. Es ist entscheidend, ein detailliertes Register deiner Anwesenheit in jedem Land zu führen und professionelle steuerliche Beratung zu suchen.

Erforderliche Informationen für die Abwicklung:

-Foto des Yellow Slips.

-Die Identifikation (DNI) und der Reisepass deiner Eltern.

-Deine Geburtsurkunde.

-Originalmietvertrag für eine Wohnung in Zypern: Dieser muss per Post an die Hauptbüros gesendet oder dem Mitarbeiter der Beratungsfirma übergeben werden, wenn du persönlich nach Nikosia kommst, um den Yellow Slip zu beantragen.

-Flugdokumente: Rechnung, Flugbuchung, Bordkarte des Flughafens.

Wichtiger Hinweis: Die Bordkarte ist ein sehr wichtiges Dokument. Immer wenn man in ein anderes Land reist, sollte man das Bordkarten-Dokument aufbewahren, da es möglich ist, dass die öffentliche Verwaltung Zyperns am Ende des Jahres danach fragt, um zu überprüfen, ob du mindestens 60 Tage im Land warst.

9
VERFAHREN: NICHT-EU-BÜRGER.

Alle Personen, die keine Bürger eines Mitgliedstaats der Europäischen Union sind und in Zypern ein Unternehmen gründen und ihren steuerlichen Wohnsitz haben möchten, müssen eine "temporäre Aufenthaltsgenehmigung" oder eine "dauerhafte Aufenthaltsgenehmigung" beantragen.

Temporäre Aufenthaltsgenehmigung.

Die temporäre Aufenthaltsgenehmigung in Zypern, auch Pink Slip genannt, ermöglicht es Inhabern von Pässen, die nicht zur Europäischen Union gehören, ihren Aufenthalt in Zypern für mehr als 3 Monate (90 Tage) zu verlängern. Sie erlaubt auch Touristen und Besuchern, ihren Aufenthalt unabhängig von der Dauer ihres anfänglichen Visums zu verlängern. Sie müssen den Antrag stellen, bevor ihr aktuelles Visum abläuft.

Vorteile:

- Ermöglicht Nicht-Europäern, ihren Aufenthalt in Zypern für bis zu einem Jahr ohne Visum zu verlängern.
- Kann erneuert werden.
- Familien können gleichzeitig ihre Anträge stellen; jedes Familienmitglied reicht einen separaten Antragsformular ein und erhält eine temporäre Aufenthaltsgenehmigung.

Anforderungen:

- Ein Haus oder eine Wohnung in Zypern für ein Jahr mieten.
- Es muss eine angemessene Menge von mehr als 5.000 € pro Person nachgewiesen werden.
- Um die Kinder einer Familie zu verarbeiten, muss nachgewiesen werden, dass die Eltern verheiratet sind.

Einschränkungen:

- Der Antragsteller muss sich innerhalb eines vollen Jahres mindestens insgesamt 90 Tage in Zypern aufhalten, wobei diese Zeit nicht unbedingt aufeinanderfolgend sein muss. Darüber hinaus kann er etwa 9 Monate in jedes andere Land reisen, das er möchte, aber er darf sich nicht länger als 3 Monate am selben Ort aufhalten. Das einzige Land, in dem er sich das ganze Jahr oder länger als 3 aufeinanderfolgende Monate im Jahr aufhalten kann, ist Zypern.
- Es besteht kein Recht, in Zypern zu arbeiten.
- Sie wird nur Bürgern außerhalb der EU gewährt, die ihren Aufenthalt in Zypern verlängern möchten.
- Gültig für ein Jahr, jährlich verlängerbar.

Dokumente:

- Antragsformular für eine befristete Aufenthaltserlaubnis in Zypern.
- Ein-Jahres-Mietvertrag oder Kaufvertrag für ein Haus oder eine Wohnung.
- Krankenversicherung.
- Kopie des Reisepasses.
- Kopie des Reisepasses oder eines anderen Reisedokuments, aus dem die letzte Ankunft in der Republik Zypern hervorgeht und das entsprechende Visum.
- Kopie der Heiratsurkunde, ordnungsgemäß beglaubigt und übersetzt.
- Beglaubigte und übersetzte Geburtsurkunden der Kinder.

- Originales Führungszeugnis.
- Originale medizinische Analysen (Hepatitis B und C, HIV, Syphilis, sowie eine Thorax-Röntgenaufnahme für Tuberkulose mit ärztlicher Meinung, versiegelt von einem Facharzt der Republik Zypern).
- Kontoauszug eines Auslandskontos, der einen angemessenen Betrag an Mitteln oder stabilem Einkommen aus verschiedenen Quellen wie Rente, Dividenden, Gehalt außerhalb Zyperns, Zinsen aus Einlagen usw. zeigt.
- Bescheinigung einer zypriotischen Bankinstitution oder Kontoauszug, der Überweisungen aus dem Ausland an diese Institution für einen Mindestwert von 5.000 € pro Person, die einen befristeten Aufenthalt beantragt, zeigt.
- Originales Bankgarantieschreiben, ausgestellt von einer Bank in Zypern. (Eine Einzahlung muss bei der Bank hinterlegt werden, während der befristete Aufenthalt aufrechterhalten wird).

Die Bearbeitungszeit für die Bank zur Ausstellung der Bankgarantien beträgt 1 bis 2 Tage.

Einzahlungen:
1. Osteuropäische Länder, Russen und andere wie britische Staatsbürger = 550 €
2. Länder des Nahen Ostens = 350 €
3. Asiatische/Amerikanische Länder = 850 €

Das Verfahren dauert in der Regel 10 Arbeitstage, um alle Dokumente zu erhalten und den Antrag einzureichen. Danach wird der Einzelne oder die Familie einen Termin vereinbaren, damit die Einwanderungsbehörde biometrische Daten erfassen kann.

Dauerhafte Aufenthaltsgenehmigung.

Es gibt 2 Wege und sie ist lebenslang gültig, ohne dass eine Erneuerung erforderlich ist.

Es ist nicht notwendig, vor, während oder nach dem Antrag in Zypern zu wohnen.

Die einzige Anforderung ist, dass der Antragsteller Zypern einmal alle 2 Jahre besucht, im Gegensatz zu anderen europäischen Ländern, die einen Aufenthalt von mindestens 3 Monaten pro Jahr verlangen.

Sie kann auch ausgestellt werden an:

-Ehepartner.
-Abhängige Kinder unter 18 Jahren.
-Eltern.

Es gibt 2 Optionen:

Schnellverfahren (etwa 2-3 Monate).

-Die Hauptanforderung ist der Kauf einer Immobilie in Zypern mit einem Gesamtmarktwert von mindestens 300.000 € + 5% MwSt.
Der Antragsteller muss das Antragsformular zusammen mit einem Kaufvertrag und einem Nachweis über die Zahlung von mindestens 200.000 € + MwSt. vorlegen.

Der Kaufvertrag muss beim Department für Land und Studien in Zypern hinterlegt worden sein.

-Es muss nachgewiesen werden, dass es ausländische Jahreserträge gibt.

-Es müssen 30.000 € auf einem Konto einer zyprischen Bank eingezahlt werden, ohne diese für mindestens drei aufeinanderfolgende Jahre abzuheben.

Standardverfahren (12-18 Monate).

-Die Hauptvoraussetzung ist der Kauf einer Immobilie in Zypern ohne einen spezifischen Wert. Der Antragsteller muss das Antragsformular zusammen mit einem Kaufvertrag und einem Zahlungsnachweis vorlegen.

-Der Kaufvertrag muss beim Department für Land und Studien in Zypern hinterlegt worden sein.

-Es muss nachgewiesen werden, dass es ausländische Jahreserträge gibt.

-Es muss ein Bankkonto bei einer zyprischen Bank eröffnet werden.

Zusätzliche Anforderungen für die Beantragung der dauerhaften Aufenthaltserlaubnis:

-Vorlage eines Strafregisterauszugs ohne Eintragungen für alle Familienmitglieder, die Mitbewerber sind.

-Der Antragsteller darf keine Beschäftigung annehmen oder irgendeinen Beruf oder eine Beschäftigung in Zypern ausüben und muss ein spezielles Formular (Erklärung) vorlegen, das bestätigt, dass er nicht beabsichtigt, in irgendeiner Form von Geschäft in Zypern zu arbeiten oder beschäftigt zu sein.

-Eine Kopie des gültigen Reisepasses vorlegen.

-Nachweis über stabile Einkünfte aus dem Ausland, Besitz im Ausland und einen Auszug aus einem zyprischen Bankkonto vorlegen.

-Eine Kopie der gültigen temporären Aufenthaltserlaubnis vorlegen (falls der Antragsteller in Zypern wohnt).

-Einen Lebenslauf (einschließlich akademischer Qualifikationen) und alle Qualifikationen mit Diplomen vorlegen.

-Nachweis einer Krankenversicherung in Zypern.

-Anwesenheit bei den Einwanderungsbehörden zur Erfassung biometrischer Daten innerhalb eines Jahres ab dem Tag der Genehmigung.

-Mindestjahreseinkommen von 30.000 € aus ausländischen Gehältern, Renten, Aktienbeteiligungen, Mieteinnahmen... Das Mindestjahreseinkommen erhöht sich um 5.000 € für jede abhängige Person.

-Alle Dokumente müssen ins Englische oder Griechische übersetzt und notariell beglaubigt sein.

Häufig gestellte Fragen:

-Müssen Inhaber einer dauerhaften Aufenthaltsgenehmigung zyprische Steuern auf ihre internationalen Einkünfte zahlen? Nein, es sei denn, sie verbringen mehr als 183 Tage im Jahr in Zypern. Es gibt erhebliche steuerliche Vorteile für Ausländer, die zu steuerlichen Einwohnern Zyperns werden.

-Wie ist das Verfahren, damit ein Inhaber der dauerhaften Aufenthaltsgenehmigung die Staatsbürgerschaft auf Grundlage der Aufenthaltsjahre beantragen kann?
Der Investor muss vor dem Antragsdatum 7 Jahre legal in Zypern gewohnt haben und in den 12 Monaten vor dem Antragsdatum legal und ununterbrochen in Zypern gelebt haben.

-Wer gilt als wirtschaftlich abhängige erwachsene Kinder?
Unverheiratete Kinder zwischen 18 und 25 Jahren, die nachweisen können, dass sie mindestens 6 Monate nach dem Antragsdatum Universitätsstudenten sind.

-Was ist, wenn eine "lebenslange" dauerhafte Aufenthaltsgenehmigung für Abhängige benötigt wird?
Kinder, die wirtschaftlich abhängig sind, können separat eine "lebenslange" dauerhafte Aufenthaltsgenehmigung beantragen.
In diesem Fall müssen die Eltern ein zusätzliches Einkommen von mindestens 5.000 € pro abhängigem Kind nachweisen.

Die "lebenslange" dauerhafte Aufenthaltsgenehmigung bleibt auch dann gültig, wenn das Kind 25 Jahre alt wird und auch wenn es nicht mehr ledig und/oder Student und/oder wirtschaftlich abhängig ist. Die "lebenslange" dauerhafte Aufenthaltsgenehmigung wird jedoch nicht an die nächsten Generationen vererbt.

10

**UNTERNEHMENS-MWST-REGISTRIERUNG +
UNTERNEHMENSSTEUERREGISTRIERUNG +
REGISTRIERUNG DES UNTERNEHMENSMANAGEMENTS.**

-Unternehmens-MwSt-Registrierung (TIC)

Dies ist der Prozess, durch den ein Unternehmen bei der zuständigen Steuerbehörde registriert wird, um eine Mehrwertsteuer-Identifikationsnummer zu erhalten.

Diese Nummer ist notwendig, damit das Unternehmen die Mehrwertsteuer auf den Verkauf von Waren und Dienstleistungen erheben und die auf seine Einkäufe gezahlte Mehrwertsteuer abziehen kann.

Sie ist entscheidend, um den Steuergesetzen zu entsprechen.

Sie ermöglicht es dem Unternehmen, legal Mehrwertsteuer zu erheben und den Berichts- und Zahlungsverpflichtungen gegenüber den Steuerbehörden nachzukommen.

Um die MwSt-Registrierung des Unternehmens vorzunehmen, ist es erforderlich, eine Modellrechnung auszufüllen, in der das neue Unternehmen in Zypern Dienstleistungen an ein Unternehmen der Europäischen Union im Wert von 100 € erbringt.

Die Rechnung muss nicht echt sein.

Wir werden Ihnen das Rechnungsmodell senden, damit Sie es mit Ihren Daten ausfüllen und uns zurückschicken können.

-Unternehmenssteuerregistrierung

Dieser Prozess beinhaltet die Registrierung des Unternehmens bei der Steuerbehörde, um alle steuerlichen Unternehmenspflichten, über die MwSt hinaus, zu erfüllen.

Dies schließt Einkommensteuer, Lohnsteuer und alle anderen relevanten Unternehmenssteuern ein.

Es stellt sicher, dass das Unternehmen von den Steuerbehörden anerkannt wird und in der Lage ist, seinen steuerlichen Verpflichtungen nachzukommen, einschließlich der Zahlung von Unternehmenssteuern und der Abgabe von Steuererklärungen.

Sobald die Yellow Slips bearbeitet sind, können wir das TIC Unternehmen bearbeiten.

Wir werden Sie benachrichtigen, wenn die Steuerbehörde Ihnen die Steuer- und Identifikationsnummern des Unternehmens per E-Mail zusendet.

Diese E-Mail müssen Sie uns innerhalb von maximal 2 Stunden weiterleiten, damit sie nicht verfällt und wir mit der Bearbeitung des TIC UNTERNEHMEN fortfahren können.

Erforderliche Informationen für die Bearbeitung:

-E-Mail Ihrer Firma.

-<u>**Registrierung des Unternehmensmanagements.**</u>

Es handelt sich um die Registrierung des Unternehmens in Bezug auf das interne Management oder die Informationen über die Direktoren und Verwalter bei den Regulierungs- oder Handelsbehörden.

Dies umfasst das Einreichen von Dokumenten, die die Struktur des Unternehmens, seine Direktoren und jegliche bedeutenden Änderungen im Management darlegen.

Es erleichtert die Transparenz und die Einhaltung von Vorschriften, indem es Stakeholdern, einschließlich Banken, Investoren und Regulierungsbehörden, ermöglicht, wichtige Informationen über das Management und die Struktur des Unternehmens zu erhalten.

11

PERSÖNLICHE STEUERREGISTRIERUNG (TIC PERSÖNLICH).

Die "Persönliche Steuerregistrierung" in Zypern bezieht sich auf den Prozess, bei dem sich eine Person bei der Steuerbehörde des Landes registriert, um ihren persönlichen Steuerpflichten nachzukommen.

Diese Registrierung ist notwendig für jede Person, die in Zypern steuerpflichtige Einkünfte hat, einschließlich sowohl Residenten als auch bestimmten Nicht-Residenten, die Einkünfte im Land erzielen.

Nach der Registrierung erhält die Person eine Steueridentifikationsnummer (TIN, Tax Identification Number), die sie bei allen Transaktionen und Kommunikationen mit der Steuerbehörde verwenden muss.

Diese Nummer ist unerlässlich für die Einreichung der Einkommensteuererklärungen, die Zahlung von Steuern und zur Erfüllung anderer persönlicher Steuerpflichten.

Wer muss sich registrieren?

-Steueransässige in Zypern: Personen, die mehr als 183 Tage im Steuerjahr im Land verbringen, gelten als steuerlich ansässig. Diese Individuen unterliegen der Besteuerung ihres weltweiten Einkommens.

-Nichtansässige mit Einkünften in Zypern: Diejenigen, die das Kriterium des Wohnsitzes nicht erfüllen, aber in Zypern Einkommen durch verschiedene Quellen wie Arbeit, Vermietungen oder Geschäftätigkeiten erzielen, müssen sich ebenfalls registrieren, um den mit diesen Einkünften verbundenen Steuerpflichten nachzukommen.

Die Registrierung für die persönliche Besteuerung ist aus mehreren Gründen entscheidend:

- **Rechtliche Konformität:** Sie stellt sicher, dass die Person die Steuergesetze Zyperns einhält und Strafen sowie Bußgelder vermieden werden.

- **Steuererklärung und -zahlung:** Ermöglicht die fristgerechte Abgabe von Einkommensteuererklärungen und die Zahlung jeglicher fälliger Steuern.

- **Steuervorteile und -abzüge:** Ermöglicht es dem Steuerzahler, jegliche Abzüge, Steuergutschriften oder -vorteile, auf die er Anspruch hat, geltend zu machen.

- **Finanztransaktionen:** Eine Steueridentifikationsnummer ist oft notwendig für verschiedene finanzielle und rechtliche Transaktionen im Land.

Sobald die Yellow Slips bearbeitet sind, können wir das TIC Personal bearbeiten.

Wir werden Sie benachrichtigen, wenn das Finanzamt Ihnen die Steuer- und persönlichen Identifikationsnummern per E-Mail zusendet.

Diese E-Mail müssen Sie uns innerhalb von maximal 2 Stunden weiterleiten, bevor sie verfällt, damit wir mit der Bearbeitung des TIC PERSONAL fortfahren können.

Die TIC-Nummer der natürlichen Person erhalten Sie in der angegebenen E-Mail, sodass die Beratung dem Kunden keine weiteren Dokumente zusenden muss.

Erforderliche Informationen für die Bearbeitung:

- Persönliche oder von der Firmen-E-Mail abweichende E-Mail.
- Telefonnummer aus dem Heimatland oder aus Zypern.
- Passfotos.
- Fotos des Personalausweises.
- Rechnung für öffentliche Dienstleistungen (Wasser oder Strom) aus dem Heimatland vor dem Wohnsitz in Zypern.
- Aktuelles Selfie-Foto: Wird als Nachweis für den Antrag benötigt.
- Foto der Sozialversicherungsnummer (SIP im Fall von Spanien).

12

INTRAGEMEINSCHAFTLICHE ODER GRENZÜBERSCHREITENDE MEHRWERTSTEUER (INKLUSIVE VIES).

Die intragemeinschaftliche oder grenzüberschreitende Mehrwertsteuer bezieht sich auf das Mehrwertsteuer-System (IVA), das für Transaktionen von Waren und Dienstleistungen zwischen den Mitgliedstaaten der Europäischen Union (EU) gilt.

Dieses System ist darauf ausgelegt, den Handel innerhalb des europäischen Binnenmarktes zu erleichtern, indem es eine effiziente und vereinfachte steuerliche Behandlung von grenzüberschreitenden Geschäftsvorgängen zwischen in verschiedenen Mitgliedstaaten registrierten Unternehmen ermöglicht.

Das VIES-System (System zum Informationsaustausch über die Mehrwertsteuer) spielt eine zentrale Rolle in diesem Prozess.

Was ist das VIES?

Das System zum Informationsaustausch über die Mehrwertsteuer (VIES) ist eine von der Europäischen Kommission unterhaltene Datenbank, die es den Steuerbehörden der EU-Mitgliedstaaten ermöglicht, die Gültigkeit der Mehrwertsteuer-Nummern von Unternehmen, die intragemeinschaftliche Transaktionen durchführen, zu überprüfen.

Sein Hauptziel ist die Verhinderung von Steuerbetrug im Handel zwischen den EU-Ländern und die Erleichterung von mehrwertsteuerfreien Geschäften für registrierte Unternehmen.

Sobald die "Mehrwertsteuer-Registrierung des Unternehmens" bearbeitet ist, können wir das VIES bearbeiten.

Es gibt vier Fälle zu berücksichtigen bei der Anwendung der intragemeinschaftlichen Mehrwertsteuer:

-Wenn dein Kunde (Unternehmen oder Privatperson) eine europäische Umsatzsteuer-Identifikationsnummer hat, dann beträgt die Mehrwertsteuer 0%.

-Wenn dein Kunde (Unternehmen oder Privatperson) außerhalb der Europäischen Union ansässig ist, beträgt die Mehrwertsteuer ebenfalls 0%.

-Wenn dein Kunde (Unternehmen oder Privatperson) in der Europäischen Union ansässig ist und keine Umsatzsteuer-Identifikationsnummer besitzt, wird ein Mehrwertsteuersatz von 19% angewendet.

-Wenn dein Kunde ein Unternehmen in Zypern ist, wird ebenfalls der Mehrwertsteuersatz von 19% angewendet.

13

GEHALT.

Hier sind die zwei interessantesten Optionen zur Wahl deines monatlichen Gehalts:

a) Du kannst ein monatliches Gehalt als Beratungshonorar erhalten.

Du kannst einen jährlichen Betrag von 15.600 € (1.300 € monatlich) als Gehalt erhalten, aber es muss als Beratungshonorar ausgewiesen werden, und wenn du diese Beträge überweist, musst du in der Beschreibung für die Bank angeben, dass es sich um "Beratungshonorare" handelt, und nicht um ein Gehalt.

Beispiel für den Überweisungszweck: "Pedro López Consultancy Fees March 2024".

Die entsprechende Steuer für die 15.600 € jährlich beträgt 2,65% am Ende des Jahres, reflektiert in der Dividendenzahlung des Unternehmens an den Gesellschafter.

Es müssen keine Selbständigenbeiträge gezahlt werden und es gibt keine Lohnsteuer oder Einkommensteuerabzug.

Es ist wichtig, eine umfassende Krankenversicherung abzuschließen, die zwischen 300-600 € pro Jahr kosten kann, da diese Option keine öffentlichen Gesundheitsausgaben oder Pensionen umfasst.

b) Du kannst ein konventionelles monatliches Gehalt beziehen.

Um eine Sozialversicherungsnummer zu erhalten, musst du als Mitarbeiter deines Unternehmens bei der Sozialversicherungsbehörde in Zypern registriert sein.

Du wirst verpflichtet sein, monatlich Beiträge auf das Gehalt zu zahlen.

Beispiel: 1.000 € (Gehalt) x 26,85 % (Rate) = 268,50 € Beitrag pro Monat.

In der monatlichen Überweisung solltest du dies als Gehalt beschreiben.

Um Anspruch auf die Rentenversicherung zu haben, musst du 15 Jahre lang in Zypern sozialversichert sein und 33 1/3 Einheiten angesammelt haben.

14

IP BOX.

Unternehmen können von einer günstigeren steuerlichen Behandlung der Einnahmen aus geistigem Eigentum profitieren, wie z. B. Patente, Urheberrechte, Marken, Geschmacksmuster usw.

In der Praxis umfasst das IP BOX-Verfahren die Erstellung und Genehmigung eines Projekts, das wir für maßgeschneiderte, nützliche und originelle Software für Ihr Unternehmen entwickeln, die für Ihre reguläre wirtschaftliche Tätigkeit genutzt werden muss.

Wenn Sie bereits Software haben, füllen Sie einen Fragebogen dazu aus.

Falls Sie noch keine Software haben, helfen wir Ihnen, ein Projekt zu erstellen und führen Sie durch alle notwendigen Schritte, um es der zypriotischen Verwaltung vorzulegen und sicherzustellen, dass es alle erforderlichen Bedingungen erfüllt.

Die Bearbeitung des IP BOX dauert etwa 2 Monate (Erstellung des Beschlusses und die Antwort der Steuerabteilung), zusätzlich sollten Sie jedoch 2-3 Wochen für die Gründung einer zweiten Firma einplanen, die erforderlich ist, um das IP BOX zu beantragen.

Vorteile: Es gibt eine Reduzierung der Körperschaftssteuer von den standardmäßigen 12,5 % auf 2,50 %, bezogen auf alle wirtschaftlichen Aktivitäten, die über die Software abgewickelt werden.

Um die steuerlichen Vorteile zu nutzen, muss in Zypern ein zweites Unternehmen gegründet werden, das über das IP BOX verfügt.

Die erste Firma, die die Einnahmen und Ausgaben verbucht, überträgt dann die Gewinne an dieses neue Unternehmen, um sie als geistiges Eigentum zu verwalten.

Die Umsatzsteuer-Identifikationsnummer (VAT-Nummer) wird sowohl für das erste in Zypern gegründete Unternehmen als auch für das zweite Unternehmen, das über das IP BOX verfügt, gemeinsam genutzt.

Für das zweite Unternehmen, das über das IP BOX verfügt, muss ein neues Bankkonto eröffnet werden.

Erforderliche Informationen für die Gründung der zweiten Firma, die über das IP BOX verfügt:

-3 mögliche Firmennamen, in der Reihenfolge der Präferenz aufgelistet.

Wenn Sie den Prozess beschleunigen möchten (etwa 7-14 Tage), können Sie dies angeben, und wir zeigen Ihnen verschiedene Namen, die die Beratung bereits gekauft hat, damit Sie einen davon auswählen können, der Ihnen dann übertragen wird.

-Eine Beschreibung des Unternehmens in englischer Sprache.

-Fotos von Personalausweis und Reisepass.

-Name des Geschäftsführers (es können bis zu zwei Partner als Geschäftsführer fungieren).

-Name des Unternehmenssekretärs (es kann nur einen Sekretär geben).

-Falls es mehrere Partner-Aktionäre gibt, muss der Anteil jedes Partners an der neuen Gesellschaft festgelegt werden.

Abschließend benötigen wir für die Beantragung der Steuernummer dieser neuen Firma:

-Eine neue E-Mail-Adresse.

15
BUCHHALTUNG.

Je nach Umfang Ihrer Rechnungen, Belege usw. und der Komplexität Ihrer Buchhaltung variiert der ungefähre Preis zwischen 1500 € und 3000 € jährlich, ohne die Mehrwertsteuer von 19 % einzuschließen.

In diesem Preis ist die Buchhaltung des Unternehmens und der natürlichen Person enthalten.

Zusätzlich müssen 1000 € jährliche Prüfungskosten hinzugefügt werden, da dies in Zypern obligatorisch ist, ebenfalls ohne Mehrwertsteuer.

Die Buchhaltung wird vierteljährlich eingereicht.

Vorgehensweise:

In den ersten 5-10 Tagen nach Ende des aktuellen Buchhaltungsquartals wird eine E-Mail an die zuständige Person der Buchhaltungsabteilung mit allen Belegen, Rechnungen usw. für Einnahmen und Ausgaben sowie einem detaillierten Kontoauszug aller Bewegungen des Quartals gesendet. Die Beratung hat gesetzlich 1 Monat und 10 Tage nach Ablauf des Quartals Zeit, um Ihre Buchhaltung einzureichen.

Abzugsfähige Ausgaben:

Telefon, Internet, IT, Druckerei, Schreibwaren, Verpflegung für eine oder mehrere Personen (Mittag- und Abendessen im Restaurant oder Bar), Benzin, Lebensmittelkosten im Supermarkt, sofern diese außerhalb von Zypern anfallen, Taxi, Hotel, Flüge, komplette Reisen usw.

16

INVESTITION: KRYPTOWÄHRUNGEN, ETFs, TRADING, BÖRSE...

Zypern wird aufgrund seines vorteilhaften Steuersystems, seiner Mitgliedschaft in der Europäischen Union und seiner strategischen Lage zwischen Europa, Asien und Afrika als attraktiver Standort für Investoren und Unternehmen angesehen. Im Folgenden erläutern wir die Situation bezüglich Kryptowährungen, ETFs, Trading und Aktienmarkt.

Kryptowährungen:

Die steuerliche Behandlung von Kryptowährungen in Zypern wurde, wie in vielen anderen Ländern auch, noch präzisiert.

Der Besitz und die Investition in Kryptowährungen waren nicht explizit reguliert, jedoch wurden Einkünfte aus damit verbundenen Handelsaktivitäten als steuerpflichtig angesehen, wie andere kommerzielle oder Investitionsgewinne auch.

Dies bedeutet, dass sowohl Kapitalgewinne als auch Einkommen aus Kryptowährungs-Handelsaktivitäten der Körperschaftsteuer und der Gewinnverteilung unterliegen.

–Körperschaftsteuer: Unternehmen, die Handelsaktivitäten mit Kryptowährungen durchführen, unterliegen in Zypern der standardmäßigen Körperschaftsteuer, die 12,5% beträgt. Diese kann jedoch durch das IP BOX-Verfahren auf nur 2,50 % optimiert werden, was einer der niedrigsten Sätze in der Europäischen Union ist.

–Dividendenverteilung: Für Einzelpersonen beträgt die Gewinnverteilung 2,65 %.

ETFs, Trading und Börse:

Die Besteuerung von Investitionen in ETFs, Aktien und andere Finanzinstrumente in Zypern basiert auf der Körperschaftsteuer für Unternehmen und für Einzelpersonen auf der Kapitalertragsteuer.

-Körperschaftsteuer: Kapitalgewinne aus dem Verkauf von Wertpapieren, Aktien, Anleihen und anderen an einer Börse notierten Wertpapieren sind von der Kapitalertragsteuer befreit. Es gibt jedoch Ausnahmen und spezifische Bedingungen, weshalb eine Beratung mit einem Steuerberater wichtig ist.

-Dividenden: Zypern hat ein vorteilhaftes System für die Besteuerung von Dividenden. Von zyprischen Unternehmen erhaltene Dividenden aus ihren Investitionen sind von der Körperschaftsteuer befreit und unterliegen einer Beitragssatz von 2,65 %.

-Zinsen: Zinserträge aus Investitionen (die nicht im Rahmen der normalen Geschäftstätigkeit anfallen) unterliegen einem Profitsharing-Steuer von 2,65 %.

17
BANKKONTEN.

Um die Bank für das Unternehmen und auch für Privatpersonen auszuwählen, stellen wir dir die folgenden Optionen vor:

a) Neobanken:

Dies ist die beste Option, da sie sehr niedrige Gebühren haben und du ohne Probleme in Zypern operieren kannst.

Hier sind die interessantesten für **Geschäftskonten**:

-Revolut: Dies ist die beste Option aufgrund der angebotenen Dienstleistungen. Zusätzlich sind bis zu 100.000 € deines Kapitals im Falle einer Insolvenz abgesichert.
-Worldfirst
-Airwallex
-Icard
-Vivawallet

Hier sind die interessantesten **Banken für Privatkonten:**

-Revolut: Dies ist die beste Option aufgrund der angebotenen Dienstleistungen. Zusätzlich sind bis zu 100.000 € deines Kapitals im Falle einer Insolvenz abgesichert.
-Blackcatcard
-Wirex
-Tap
-Broker: Freedom Finance
-Broker: Etoro

b) Traditionelle Banken Zyperns:

Um ein Konto zu eröffnen, muss bei diesen Banken eine erhebliche Menge an Dokumentation bearbeitet werden, und die Bankgebühren sind für den gebotenen Service wenig attraktiv.

Hier sind die interessantesten für **Geschäfts- und Privatkonten:**

-Eurobank.
-Bank of Cyprus.

Wenn du weitere Informationen erhalten oder ein Konto bei einer dieser Banken eröffnen möchtest, lass es uns wissen und wir senden dir alle erforderlichen Unterlagen zu.

Wenn du dich entscheidest, mit einem dieser traditionellen Banken zusammenzuarbeiten, wird dir eine spezialisierte Person der Beratung dabei helfen.

18

IMMOBILIEN: MIETE UND KAUF VON WOHNUNGEN.

Internetportale zum Finden von Miet- oder Kaufwohnungen in Zypern:

- Holprop
- Properstar
- Portal Bazaraki.com
- Facebook Market Place

Immobilienmakler.

Wir verfügen über einen vertrauenswürdigen Immobilienmakler, der qualitativ hochwertige Dienstleistungen im gesamten Gebiet Zyperns anbietet.

Außerdem können sie ein Video der interessierten Immobilie senden und anschließend einen Videoanruf für dieselbe Immobilie tätigen, um Ihre Sicherheit zu gewährleisten, falls Sie die Immobilie aus Ihrem Heimatland mieten möchten und sofort bei Ihrer Ankunft in Zypern über die Mietwohnung verfügen wollen.

Wenn Sie Interesse daran haben, die verfügbaren Immobilien unverbindlich zu erkunden, lassen Sie es uns wissen und wir werden Sie mit ihnen in Kontakt setzen.

Kauf von Immobilien.

Folgende Informationen sollten beachtet werden:

Die Zahlung muss von einer physischen Bank, vorzugsweise einem Teil des SWIFT-Netzwerkes, ausgeführt werden, da Zahlungen vom Neobank für den Kauf einer Immobilie nicht möglich sind.

Dies hängt mit den Anforderungen der Banken in Zypern zusammen, da sie Due-Diligence-Verfahren durchführen, um die Herkunft der Mittel zu überprüfen.

Für den Kauf und Verkauf von Wohnungen dauert der Prozess normalerweise etwa 3-4 Monate.

Weitere Möglichkeiten:

Wenn Sie daran interessiert sind, ein Zimmer in einer Wohnung zu mieten, um nur 2 Monate im Jahr dort zu wohnen und von dem gesamten Steuersystem Zyperns zu profitieren, bieten wir auch diesen Service an. Sie müssen uns nur danach fragen.

Zu berücksichtigende Fragen:

Die physische Adresse der ersten gemieteten oder gekauften Immobilie muss auf den Namen der natürlichen Person als Resident in Zypern aus steuerlichen Wohnsitzgründen eingetragen sein.

Sie können auch den Namen des Unternehmens im Mietvertrag einfügen, es ist jedoch unerlässlich, dass der Name und die Identifikationsnummer der natürlichen Person angegeben sind.

Sie können 20% des Mietbetrags als Ausgabe für jede Person-Partner der Firma abziehen, auch wenn der Vertrag auf den Namen einer natürlichen Person lautet.

Das Unternehmen kann den Gesamtbetrag der Rechnungen zahlen und sie als Ausgaben klassifizieren. Wenn jedoch die Rechnungen auf den Namen des Unternehmens lauten, können Sie den gesamten Mehrwertsteuerbetrag geltend machen, sind sie jedoch auf Ihren persönlichen Namen ausgestellt, können Sie nur 1/3 des Mehrwertsteuerbetrags zurückfordern.

19
STROMANMELDUNG.

In Zypern müssen alle Mieter von Mietimmobilien den Strom anmelden, wenn sie einziehen.

Der Strom wird am selben Tag angemeldet, an dem der Zugang zur Immobilie erfolgt.

Der Eigentümer begleitet normalerweise den Mieter bei der Anmeldung.

Sobald der Stromservice beauftragt ist, besteht am selben Tag Versorgung.

Um den Strom anzumelden, muss bei der zypriotischen öffentlichen Verwaltung eine Kaution von 200€ gezahlt werden, die am selben Ort zurückgegeben wird, wenn die Wohnung verlassen wird.

Die Stromkosten werden alle zwei Monate bezahlt.

Aus steuerlichen Wohnsitzgründen muss der Strom auf den Namen der natürlichen Person angemeldet sein.

Was die Stromkosten betrifft, so können Sie, da sie auf Ihren Namen als natürliche Person laufen, 1/3 des Gesamtbetrags als Unternehmensausgabe abziehen.

Das Unternehmen kann den Gesamtbetrag der Rechnungen zahlen und sie als Ausgaben klassifizieren.

Wenn die Rechnungen jedoch auf den Namen des Unternehmens laufen, kann es den gesamten Mehrwertsteuerbetrag geltend machen, während wenn sie auf Ihren Namen laufen, nur 1/3 des Mehrwertsteuerbetrags zurückgefordert werden kann.

20

WASSERVERSORGUNG ANMELDEN.

In Zypern müssen alle Mieter von Mietimmobilien das Wasser anmelden, wenn sie einziehen.

Das Wasser wird am selben Tag angemeldet, an dem der Zugang zur Immobilie erfolgt.

Der Eigentümer begleitet normalerweise den Mieter bei der Anmeldung.

Sobald der Wasserservice beauftragt ist, besteht am selben Tag Versorgung.

Um den Wasserservice zu beauftragen, muss bei der zypriotischen öffentlichen Verwaltung eine Kaution von 200€ gezahlt werden, die am selben Ort zurückgegeben wird, wenn die Wohnung verlassen wird.

Die Wasserkosten werden alle drei Monate bezahlt.

Aus Wohnsitzgründen muss der Wasseranschluss auf den Namen der natürlichen Person angemeldet sein.

Was die Wasserkosten betrifft, so können Sie, da sie auf Ihren Namen als natürliche Person laufen, 1/3 des Gesamtbetrags als Unternehmensausgabe abziehen.

Das Unternehmen kann den Gesamtbetrag der Rechnungen zahlen und sie als Ausgaben klassifizieren.

Wenn die Rechnungen jedoch auf den Namen des Unternehmens laufen, kann es den gesamten Mehrwertsteuerbetrag geltend machen, während wenn sie auf Ihren Namen laufen, nur 1/3 des Mehrwertsteuerbetrags zurückgefordert werden kann.

21

VERSICHERUNGEN: GESUNDHEIT UND FAHRZEUG.

Wir haben Kontakt zu einer vertrauenswürdigen Versicherungsagentur, die auf Ausländer spezialisiert ist und Versicherungen im gesamten Gebiet von Zypern anbietet.

Wenn Sie an einem Kostenvoranschlag interessiert sind, lassen Sie es uns wissen und wir werden Sie mit ihnen in Verbindung setzen.

Häufige Fragen zur Krankenversicherung:

-Die Krankenversicherung kann in 12 Raten pro Jahr bezahlt werden.

-Bei der üblichen Krankenversicherung können Sie nach Erhalt einer Karte oder Police diese in ihrem Netzwerk von medizinischen Einrichtungen verwenden, jedoch müssen Sie im Notfall direkt ins nächstgelegene Krankenhaus gehen. Jeder weitere Vorgang muss vorab genehmigt werden.

-In einer Krankenversicherungspolice können nicht zwei oder mehr Personen aufgenommen werden, da es sich um individuelle Policen handelt.

-Bezüglich der "50€ Obligatorischen Selbstbeteiligung" bedeutet dies, dass die 50 Euro eine einmalige Zahlung für den ersten medizinischen Service sind, danach deckt die Versicherung bis zur vereinbarten Grenze ab.

-Wenn wir die Option "Bereich 3 - Zypern, Europa, Israel" wählen, deckt die Versicherung Eingriffe in einer der drei Regionen ab, jedoch nur bis zu den Kosten, die der Eingriff in Zypern verursachen würde.

-Wir müssen die medizinischen Kosten selbst bezahlen, und die Versicherung erstattet uns dann den Betrag bis zur Grenze der Versicherung auf unser Bankkonto zurück, wenn wir einen Arzt außerhalb des Netzwerks der im Versicherungsumfang enthaltenen Einrichtungen wählen, aber innerhalb des Netzwerks müssen Sie nur Ihre Karte oder Police vorzeigen.

Um ein Angebot für die Krankenversicherung zu beantragen, müssen folgende Daten angegeben werden:

-Name des Versicherten.
-Geburtsdatum.
-Nationalität.
-Identifikationsnummer (Personalausweisnummer).
-Passnummer.
-Vollständige Wohnadresse in Zypern.
-Beruf.

Für das Angebot der Kfz-Versicherung müssen folgende Daten angegeben werden:

-Fahrzeug.
-Kennzeichen.
-Wert des Fahrzeugs.
-Abzuschließende Deckungen.
-Versicherungsbeginndatum.

-Name des Fahrzeughalters.
-Identifikationsnummer (Personalausweisnummer).
-Vollständige Adresse in Zypern.

-Name des Hauptfahrers.
-Geburtsdatum.
-Nationalität.
-Identifikationsnummer.
-Passnummer.
-Datum des Führerscheinerwerbs.
-Vollständige Adresse in Zypern.

-Name des gelegentlichen Fahrers.
-Geburtsdatum.
-Nationalität.
-Identifikationsnummer.
-Passnummer.
-Datum des Führerscheinerwerbs.
-Vollständige Adresse in Zypern.

- Versicherungsnehmer der Versicherungspolice.
-Name.
-Identifikationsnummer.
-Geburtsdatum.
-Nationalität.
-Datum des Führerscheinerwerbs.

-Versicherungsgesellschaft im Herkunftsland, die noch gültig ist.
-Policennummer.
-Fahrzeugmodell.
-Kennzeichen.

Wichtiger Hinweis: Es ist sehr wichtig, ein Dokument über den Schadensfreiheitsrabatt des Versicherungsnehmers von Ihrer aktuellen Versicherungsgesellschaft bereitzustellen, damit sie den Rabatt anwenden und die Versicherung problemlos abschließen können. Ohne dieses Dokument lehnen die meisten Versicherungsgesellschaften in Zypern den Abschluss der Versicherung ab. Sie können dieses Dokument von der Versicherungsgesellschaft Ihres Heimatlandes anfordern, und sie werden es Ihnen kostenlos zusenden.

Für den Abschluss der Kfz-Versicherung fordert die Gesellschaft:

-Kopie des Passes aller Fahrer.
-Kopie des Personalausweises aller Fahrer.
-Kopie der Führerscheine aller Fahrer.
-Kopie des Fahrzeugregisters (Kopie des Fahrzeuglogbuchs).
-Kopie des Schadensfreiheitsrabatts des Versicherungsnehmers und/oder des Hauptfahrers.

22

MIETE UND KAUF VON FAHRZEUGEN.

Fahrzeugmiete nach Minuten und Stunden:

Die schnellste Option, wenn du das Auto nur gelegentlich nutzen willst, ist die Anmietung von Fahrzeugen bei der Firma Ride Now über ihre APP oder ihre Webseite: https://ridenow.tech/

RideNow ist der erste Carsharing-Dienst in Zypern, der eine effiziente und flexible Möglichkeit bietet, damit Einwohner und Touristen Autos für kurze Zeiträume mieten können, von einigen Minuten bis zu mehreren Tagen.

Du kannst die Fahrzeuge an verschiedenen Standorten abholen und zurückgeben, einschließlich Städten wie Larnaka, Limassol, Paphos, Nikosia und an beiden Flughäfen in Larnaka und Paphos.

Mit der RideNow-App kannst du Autos entsperren und deine Mieten verwalten.

Der Service beinhaltet die Kosten für Kraftstoff, Steuern und Basisversicherung, obwohl du die Möglichkeit hast, auf eine erweiterte Versicherung aufzurüsten, um die Haftung zu reduzieren.

Eine Internetverbindung ist wesentlich, um die Autos über die App zu entsperren und zu verriegeln, was besonders wichtig ist, da einige Gebiete in Zypern eine schlechte Internetabdeckung haben können.

Die Preise basieren auf Zeit und Entfernung mit Optionen für die Miete pro Minute, Stunde oder Tag.

Es gibt verschiedene Pakete, die an deine Bedürfnisse angepasst werden können, und die Preise sind für Fahrer unter 25 Jahren aufgrund der Versicherungspolitik höher.

Die Validierung dauert 1-2 Tage, danach kannst du den Service nutzen.

Portale, auf denen wir mit Autoverkäufern in Kontakt treten können:

-Facebook-Marktplatz.
-Bazaraki.com
-Autohäuser und Geschäfte für Gebrauchtwagen.

Interessant:

Wir haben Kontakt zu einem vertrauenswürdigen Autohaus, das neue Autos der Marken Mercedes, Alfa Romeo, Fiat, Jeep, Peugeot, Citroën und Opel verkauft. Wenn du auf unsere Empfehlung kommst, können sie dir einen speziellen Rabatt geben.

Sie haben auch einen kleinen Bestand an Gebrauchtwagen und arbeiten mit einer Autovermietungs- bzw. Leasingfirma zusammen.

Wenn du dich unverbindlich über die Fahrzeuge, die sie haben, informieren möchtest, lass es uns wissen und wir setzen dich mit ihnen in Verbindung.

Tipps:

-Für Europäer ist es besser, ein Automatikauto zu kaufen, da der Schalthebel links ist, obwohl es etwas teurer ist.

-Wenn du daran interessiert bist, einen Gebrauchtwagen zu kaufen, ist es sehr wichtig, dass du ihn von einer Privatperson oder einem absolut vertrauenswürdigen Unternehmen erwirbst, da ein großer Prozentsatz der in Zypern verkauften Gebrauchtwagen Probleme hat.

Wenn du entschlossen bist, ein Gebrauchtwagen auf eigene Faust zu kaufen, ist es vor dem Kauf sehr wichtig, dass du folgendes anforderst:

-Wartungshistorie des Fahrzeugs.
-Probefahrt.
-Vorherige Inspektion durch eine professionelle Werkstatt.

Um den Kaufvorgang des Fahrzeugs VORHER durchzuführen, musst du folgendes haben:

-MOT (entspricht der TÜV-Prüfung in Deutschland und wird alle 2 Jahre in Zypern durchgeführt).
-ROAD TAX (Steuer, die im Straßenverkehrsamt erhoben wird).

Um den Kaufvorgang durchzuführen, musst du folgende Unterlagen bereitstellen:

-Eigentumsübertragung (wird in einer spezialisierten Agentur ausgefüllt).
-Zulassungsbescheinigung.
-Aktive Kfz-Versicherung (neuer Eigentümer).
-Pässe.
-Wenn du das Auto auf den Namen des Unternehmens kaufst, benötigst du den Firmenstempel für den Abdruck.

Den Stempel kannst du in einem Schlüsseldienst anfertigen lassen, der auch Schlüssel für Wohnungen herstellt. Dabei musst du den Namen des Unternehmens und die Handelsregisternummer angeben. Es ist ratsam, auch die Steueridentifikationsnummer (TIN) und die vollständige Adresse des steuerlichen Firmensitzes anzugeben.

Wichtig:

Alle diese Dokumente werden in den Bürgerdienstbüros vorgelegt, wo sie gestempelt werden.

Es ist notwendig, dass der bisherige Eigentümer des Fahrzeugs, das du gerade gekauft hast, dich begleitet, um ebenfalls einige Unterschriften zu leisten.

Erneuerung der Kfz-Steuer (Road Tax):

-Muss einmal im Jahr durchgeführt werden.
-Der Preis beträgt ungefähr 66 € pro Jahr.

Link zur Erneuerung der Kfz-Steuer:

https://rtd.mcw.gov.cy/WebPhase1/gui/Common/LoginFrameGreek.jsp?lang=en

23

UNTERNEHMEN: INTERNET UND TELEFON.

Der Vertrag für Mobiltelefon- und Internetdienste in Zypern kann online, telefonisch oder persönlich in einem der zahlreichen Büros der Dienstleistungsanbieter abgeschlossen werden.

Unser Rat ist, persönlich in ein Büro zu gehen, da online häufig veraltete Tarife angeboten werden, aber in einem physischen Büro können sie dir großartige Angebote präsentieren, zusätzlich bieten sie dir ADSL oder Glasfaser, je nachdem, wo du wohnen wirst.

Die drei wichtigsten Telefon- und Internetanbieter zum Abschließen eines Vertrages sind:

-CYTA:

Das ist das größte Unternehmen in Zypern.

Web-Links:

https://www.cyta.com.cy/about/en
https://www.cyta.com.cy/internet-home-products/en
https://www.cyta.com.cy/mobile-plans/en

Festnetznummer: +357 22 880 132

-EPIC:

Das ist das zweitgrößte Unternehmen in Zypern.

Web-Link: https://www.epic.com.cy/en/page/start/home

-PRIMETEL:

Das ist das drittgrößte Unternehmen in Zypern.

Web-Link: https://primetel.com.cy

Wenn der Vertrag auf den Namen des Unternehmens abgeschlossen wird, ist die Vorlage folgender Unterlagen erforderlich:

-Unternehmensdokumente wie Gründungsurkunde, Direktor- und Sekretariatsdokumente...

-Firmenstempel: Den Stempel kannst du bei einem Schlüsseldienst anfertigen lassen, der auch Schlüssel für Wohnungen herstellt, und du musst den Namen des Unternehmens und die Handelsregisternummer angeben. Es ist auch ratsam, die Steueridentifikationsnummer (TIN) und die vollständige Adresse des steuerlichen Firmensitzes einzubeziehen.

-Mietvertrag der Wohnung: Wenn du das Internet auf den Namen des Unternehmens registrieren lässt, was zur vollständigen Absetzung der Kosten empfohlen wird, musst du im Mietvertrag neben deiner natürlichen Person auch das Unternehmen angeben.

Wenn der Vertrag auf den Namen einer Privatperson abgeschlossen wird, ist die Vorlage folgender Unterlagen erforderlich:

-Pass.
-Persönliches Identifikationsdokument (Personalausweis).
-Mietvertrag der Wohnung.

24

COWORKING-RÄUME.

Wenn du ein Freiberufler, Unternehmer oder digitaler Nomade bist, der einen Ort zum Arbeiten und zum Austausch mit anderen sucht, ist Zypern dein ideales Ziel.

Dieses Inselstaat im Mittelmeer bietet eine Vielzahl von Coworking-Räumen, die sich an unterschiedliche Bedürfnisse, Budgets und Lebensstile anpassen.

Hier sind 10 Orte für Coworking in Zypern:

-**Hub Nicosia**: Dieser Raum befindet sich in der Hauptstadt Zyperns, Nikosia. Er bietet eine kreative, kollaborative und gemeinschaftliche Atmosphäre. Es gibt Konferenzräume, Entspannungsbereiche, eine Küche, eine Bibliothek und regelmäßige Veranstaltungen. Die Preise reichen von 10 € pro Tag bis zu 120 € pro Monat.

-**The Cookhouse**: In Limassol gelegen, kombiniert es eine professionelle Küche mit einem Arbeitsbereich. Du kannst eine Kochstation stunden- oder tageweise mieten und die Gerichte genießen, die andere Mitglieder oder du selbst zubereiten. Es gibt auch einen Konferenzraum, eine Terrasse und ein Café. Die Preise reichen von 15 € pro Tag bis zu 200 € pro Monat.

-**Impact Hub Limassol**: Befindet sich in Limassol und ist Teil eines globalen Netzwerks von Impact Hubs. Es bietet flexible Arbeitsplätze mit Einzel- oder Gemeinschaftsschreibtischen, Besprechungsräumen, Veranstaltungen und Workshops. Die Preise beginnen bei 12 € pro Tag und gehen bis zu 150 € pro Monat.

- **Regus:** Dieses Unternehmen hat mehrere Standorte in Zypern, darunter in Nikosia, Limassol und Larnaka. Es bietet private Büros, dedizierte Schreibtische, Besprechungsräume, Empfangsdienste und Zugang zu einem globalen Netzwerk von Arbeitsräumen. Die Preise variieren je nach Standort und Dienstleistungsart.

- **Cocoon:** Dieser Raum befindet sich im historischen Zentrum von Nikosia und zeichnet sich durch ein modernes und minimalistisches Design aus. Er bietet Einzel- und Gemeinschaftsschreibtische, Besprechungsräume, Gemeinschaftsbereiche, eine Küche und kulturelle Veranstaltungen. Die Preise reichen von 15 € pro Tag bis 180 € pro Monat.

- **Home for Cooperation:** Befindet sich in einer besonderen Lage, da es sich in der neutralen Zone befindet, die den griechischen und den türkischen Teil von Nikosia trennt.
Es ist ein multikultureller und mehrsprachiger Raum. Es bietet Einzel- und Gemeinschaftsschreibtische, Besprechungsräume, eine Bibliothek, ein Café und soziale Veranstaltungen.
Die Preise reichen von 5 € pro Tag bis 80 € pro Monat.

- **Gravity Ventures:** Dieser Raum in Nikosia ist spezialisiert auf die Unterstützung von Start-ups und Unternehmern mit innovativen Ideen. Es bietet ein Beschleunigungsprogramm, das Mentorings, Finanzierung, Zugang zu einem Netzwerk von Experten und Arbeitsräume umfasst. Es gibt auch Networking-Events, Workshops und Vorträge. Die Preise reichen von 20 € pro Tag bis 250 € pro Monat.

- **The Home Project:** Befindet sich in Larnaka und hat eine gemütliche und familiäre Atmosphäre. Es bietet Einzel- und Gemeinschaftsschreibtische, Besprechungsräume, Gemeinschaftsbereiche, eine Küche und Bildungsveranstaltungen. Die Preise reichen von 10 € pro Tag bis 120 € pro Monat.

-The Business Bar: Befindet sich in Paphos und verfügt über eine elegante und raffinierte Einrichtung. Es bietet Einzel- und Gemeinschaftsschreibtische, Besprechungsräume, Gemeinschaftsbereiche, eine Bar und berufliche Veranstaltungen. Die Preise reichen von 15 € pro Tag bis 200 € pro Monat.

-Co-working Latchi: Liegt in Latchi und bietet eine spektakuläre Aussicht auf das Mittelmeer. Es verfügt über Einzel- und Gemeinschaftsschreibtische, Besprechungsräume, Gemeinschaftsbereiche, eine Küche und sportliche Aktivitäten. Die Preise reichen von 10 € pro Tag bis 100 € pro Monat.

25

ESSEN LIEFERUNG NACH HAUSE.

Hier sind die Unternehmen in Zypern, die dir Essen nach Hause liefern können, indem du ihre App auf dein Mobiltelefon herunterlädst:

-Wolt: Ein finnisches Lebensmittellieferunternehmen, das 2020 in Zypern mit seinen Operationen begann. Das Unternehmen bietet eine breite Palette von Dienstleistungen über seine App an, einschließlich der Lieferung von Restaurantessen und Einkäufen aus Supermärkten. In Zypern ist Wolt in verschiedenen Städten wie Nikosia, Limassol, Larnaka, Paphos usw. tätig und arbeitet mit über 2.000 Restaurants und lokalen Geschäften zusammen, um eine vielfältige Auswahl an Lebensmitteln und Einzelhandelsprodukten anzubieten. Wolt bietet auch einen Abonnementdienst namens Wolt+ an, der Vorteile wie keine Liefergebühren bei berechtigten Bestellungen aus Restaurants und Geschäften bietet, zusammen mit exklusiven Angeboten und Rabatten. Dieses Abonnement ist so konzipiert, dass es sich nach ein paar Bestellungen pro Monat durch die Ersparnis bei den Liefergebühren selbst bezahlt macht. Das Unternehmen hat bedeutende Beiträge zur zyprischen Wirtschaft geleistet, indem es lokale Geschäfte unterstützt und Arbeitsplätze schafft, was dazu beigetragen hat, seine Beliebtheit bei den Verbrauchern in Zypern zu festigen.

-**Foody Cyprus:** Eine beliebte Liefer-App in Zypern, die es Benutzern ermöglicht, Essen, Lebensmittel und andere Artikel zur Lieferung nach Hause oder zur Abholung zu bestellen.
Die Plattform unterstützt eine Vielzahl von Küchen und arbeitet sowohl mit lokalen als auch mit nationalen Ketten zusammen, was den Benutzern eine umfangreiche Auswahl an gastronomischen Optionen bietet.
Ein hervorstechendes Merkmal von Foody ist der Fokus auf Benutzerfreundlichkeit und Komfort.
Die App-Oberfläche ist so gestaltet, dass der Bestellvorgang und das Verfolgen des Lieferstatus so einfach und effizient wie möglich sind.
Dies entspricht dem aktuellen Trend der Essensliefer-Apps, die darauf abzielen, die Benutzererfahrung zu verbessern, indem sie Komplikationen minimieren und die Effizienz maximieren.
Neben dem Angebot von Lebensmittellieferdiensten erstreckt sich Foody in Zypern auch auf die Lieferung von Lebensmitteln und anderen wesentlichen Produkten und bietet so eine umfassende Lösung für die täglichen Bedürfnisse der Verbraucher.

26
STAATSANGEHÖRIGKEIT.

Der Erwerb der zyprischen Staatsangehörigkeit kann durch verschiedene Methoden erfolgen, einschließlich der Naturalisation, Abstammung, Heirat und Investition.

Im Folgenden erläutere ich die allgemeinen Anforderungen und einige spezifische Anforderungen für die gängigsten Methoden zur Erlangung der Staatsbürgerschaft in Zypern:

Durch Naturalisation:

Die Naturalisation ist eine der häufigsten Methoden, um die Staatsbürgerschaft in vielen Ländern, einschließlich Zypern, zu erlangen.

Die Anforderungen umfassen:

-**Rechtmäßiger Aufenthalt:** Die Person muss vor der Antragstellung eine bestimmte Zeit rechtmäßig in Zypern gelebt haben. In Zypern beträgt dieser Zeitraum in der Regel 7 Jahre für die meisten Antragsteller, wird jedoch auf 5 Jahre für Ehepartner von zyprischen Staatsbürgern reduziert. Für Personen mit zyprischer Abstammung kann die erforderliche Zeit kürzer sein.

-**Gute Führung:** Nachweis einer guten Führung und keine schwerwiegenden Vorstrafen in Zypern oder einem anderen Land.

-**Kenntnisse der griechischen Sprache:** Nachweis ausreichender Kenntnisse der griechischen Sprache, die die Amtssprache der Republik Zypern ist.

-**Lebensunterhalt:** Nachweis der Fähigkeit, sich selbst und gegebenenfalls seine Familie zu unterhalten.

-Dokumentation:

Der Antrag auf Staatsbürgerschaft erfordert das Zusammenstellen und Vorbereiten einiger offizieller Dokumente:

- Geburtsurkunde des Antragstellers.
- Heirats-/Scheidungsurkunden (falls zutreffend).
- Nachweis des rechtmäßigen Aufenthalts in Zypern (z.B. Aufenthaltsgenehmigungen).
- Bescheinigung über ein sauberes polizeiliches Führungszeugnis, sowohl aus Zypern als auch aus dem Herkunftsland des Antragstellers.
- Nachweis ausreichender Kenntnisse der griechischen Sprache (für Anträge durch Naturalisation).
- Nachweise über ausreichende finanzielle Mittel, um in Zypern zu leben, ohne eine Belastung für den Staat zu sein.
- Jedes andere Dokument, das den Antrag unterstützen kann, wie Nachweise der Integration in die zyprische Gesellschaft.

-Einreichung des Antrags:

Sobald alle erforderlichen Dokumente gesammelt sind, müssen der Antrag und die unterstützenden Dokumente beim Innenministerium von Zypern oder der zuständigen lokalen Behörde eingereicht werden. Es wird eine Antragsgebühr fällig.

-Bewertungsprozess:

Nach der Einreichung wird der Antrag einem Bewertungsprozess unterzogen, bei dem die Behörden die Dokumentation überprüfen, die Erfüllung der Anforderungen bewerten und gegebenenfalls zusätzliche Interviews oder Untersuchungen durchführen, wenn sie dies für notwendig erachten.

-Entscheidung und Treueeid:

Wenn der Antrag genehmigt wird, wird der Antragsteller über die Entscheidung informiert und aufgefordert, einen Treueeid auf die Republik Zypern zu leisten. Nach diesem Schritt wird das Naturalisierungszertifikat verliehen, womit der Prozess der Erlangung der zyprischen Staatsbürgerschaft abgeschlossen wird.

Zusätzliche Überlegungen.

-Rechtsberatung: Aufgrund der Komplexität des Verfahrens und der Möglichkeit von Gesetzesänderungen ist es ratsam, sich mit einem auf Einwanderungsrecht oder Staatsangehörigkeitsrecht spezialisierten Anwalt zu beraten, der personalisierte Beratung und Unterstützung bieten kann. Wir können Ihnen im Prozess helfen.

-Bearbeitungszeit: Die Bearbeitungszeit für Staatsangehörigkeitsanträge kann erheblich variieren, abhängig von der Arbeitsbelastung der Behörden, der Komplexität des Falles und der Vollständigkeit der vorgelegten Unterlagen.

Durch Abstammung:

Personen, die zyprische Vorfahren haben, können auf der Grundlage ihrer Abstammung die Staatsbürgerschaft beantragen.

Dies umfasst Personen, die im Ausland von Eltern (oder in einigen Fällen Großeltern) geboren wurden, die zyprische Staatsbürger sind.

Die erforderlichen Unterlagen umfassen in der Regel Geburts- und Heiratsurkunden und, falls erforderlich, Nachweise über die zyprische Staatsbürgerschaft der Eltern oder Großeltern.

Durch Heirat:

Ehepartner von zyprischen Staatsbürgern können ebenfalls die Staatsangehörigkeit beantragen, nachdem sie eine bestimmte Zeit verheiratet waren und im Land gelebt haben.

Die Anforderungen umfassen:

-**Dauer der Ehe:** In der Regel muss die Ehe mindestens 3 Jahre bestanden haben, und das Paar muss mindestens 2 Jahre vor der Antragstellung in Zypern gelebt haben.

-**Dokumentation:** Vorlage von Heiratsurkunden, Wohnsitznachweisen und anderen Dokumenten, die die Echtheit der Ehe und das Zusammenleben belegen.

Durch Investition:

Zypern hatte Programme, die den Erwerb der Staatsbürgerschaft durch bedeutende Investitionen im Land ermöglichten. Es ist jedoch wichtig zu erwähnen, dass das Programm für Staatsbürgerschaft durch Investition (CBI) im November 2020 nach Kontroversen und Kritik abgeschafft wurde, insbesondere aufgrund des großen Zustroms von Russen durch dieses System.

27
SICHERHEIT.

Entdecke die Gelassenheit, Geschäfte in Zypern zu machen, ein Paradies nicht nur wegen seines Klimas und seiner natürlichen Schönheit, sondern auch wegen seiner beeindruckenden Sicherheit.

In Zypern ist die Sicherheit so sehr Teil des täglichen Lebens, dass es in vielen Dörfern und kleinen Städten üblich ist, dass die Einwohner tagsüber ihre Türen offen lassen und nachts ihre Autos unverschlossen mit den Schlüsseln darin stehen lassen.

Stelle dir den Frieden vor, dein Fahrrad unverschlossen am Strandspaziergang abzustellen, einen sonnigen Badetag zu genießen und bei der Rückkehr zu finden, dass es genau dort ist, wo du es gelassen hast.

So behält Zypern seinen Ruf als eines der sichersten Länder in der Europäischen Union bei, mit Kriminalitätsraten, die im Vergleich zu anderen Mitgliedstaaten beneidenswert niedrig sind, was Zypern zu einem attraktiven Ziel zum Leben, Arbeiten und Studieren macht.

Laut dem Sicherheitsbericht von Numbeo 2023 wurde Zypern durchgehend gut bewertet in Bezug auf die niedrige Kriminalitätswahrnehmung und die hohe Sicherheitswahrnehmung beim Alleingehen tagsüber und nachts und gilt als das sicherste Land der Europäischen Union.

Die 7 Länder mit der höchsten Kriminalitätsrate innerhalb der Europäischen Union sind:

1. Frankreich
2. Belgien
3. Schweden
4. Griechenland
5. Vereinigtes Königreich
6. Italien
7. Irland

Zudem hat Zypern eine der niedrigsten Raten an schweren und gewalttätigen Verbrechen.

Laut Eurostat im Jahr 2023, der statistischen Agentur der Europäischen Union, sind die 7 Länder mit der höchsten Rate an Gewaltverbrechen:

1. Schweden
2. Dänemark
3. Finnland
4. Frankreich
5. Belgien
6. Italien
7. Deutschland

28
SCHULBILDUNG.

Derzeit können Eltern zwischen dem lokalen Bildungssystem oder privaten und internationalen Schulen wählen, wobei letztere oft als die beste Option angesehen wird.

Im Folgenden erläutern wir die Hauptaspekte:

ÖFFENTLICHES BILDUNGSSYSTEM.

-**Zugang zur Bildung:** Zypern bietet allen im Land ansässigen Kindern, einschließlich der Kinder ausländischer Eltern, von der Vorschule bis zur Sekundarstufe kostenlosen Zugang zur öffentlichen Bildung. Die Bildung ist für alle Kinder im Alter von 5 bis 15 Jahren verpflichtend. Dies spiegelt das Engagement des Landes für die Bildungsrechte unter verschiedenen internationalen Konventionen wider.

-**Unterrichtssprache:** Griechisch ist die Hauptsprache des Unterrichts in den öffentlichen Schulen in Zypern. Dies kann eine Herausforderung für Kinder ausländischer Eltern darstellen, die diese Sprache nicht sprechen. Allerdings bieten die Schulen in der Regel zusätzliche Sprachkurse wie Englisch an, um den Schülern die Integration zu erleichtern.

PRIVATE UND INTERNATIONALE SCHULEN.

Für Familien, die eine andere Option bevorzugen oder benötigen, gibt es in Zypern zahlreiche private und internationale Schulen, die den größten Teil des Unterrichts in Englisch und anderen Sprachen anbieten und internationale Programme wie das International Baccalaureate (IB) oder das britische Bildungssystem (GCSE und A-Levels) verfolgen.

Diese Schulen ziehen oft eine diverse Schülerschaft an, einschließlich vieler Kinder aus ausländischen Familien.

Arten von Privatschulen:

In Zypern werden in privaten und internationalen Schulen alle Klassen auf Englisch unterrichtet, mit Ausnahme des Griechischunterrichts. Sie bieten hauptsächlich zwei verschiedene Arten von Bildung an:

-Internationales Baccalaureat (IB): Ein international anerkanntes Programm, das kritisches Denken und eine globale Denkweise fördert.

-Britische Bildung: Umfasst das GCSE (General Certificate of Secondary Education) und A-Levels, die für ihren akademischen Anspruch und breite Anerkennung an Universitäten geschätzt werden.

Beispiele für Privatschulen:

Limassol:

-Pascal English School: Bietet britische Bildung und das Internationale Baccalaureat, bereitet die Schüler auf die Hochschulbildung in Zypern und im Ausland vor.
-Limassol International School: Bekannt für ihren Ansatz zur ganzheitlichen Entwicklung der Schüler, bietet eine Bildung, die Elemente der britischen Lehre mit internationalen Bildungsansätzen kombiniert.

Nikosia:

-The G.C. School of Careers: Gegründet 1973, bietet ein umfassendes Bildungsprogramm basierend auf der britischen Lehre von der Grundschule bis zu den A-Levels.

- **American Academy Nicosia:** Eine Privatschule, die englischsprachigen Unterricht von der Vorschulstufe bis zu den A-Levels bietet, mit einem Schwerpunkt auf der spezialisierten Entwicklung der Schüler.

Larnaca:

- **American Academy Larnaca:** Gegründet im Jahr 1908, ist es eine der ältesten Bildungseinrichtungen, die Unterricht auf Englisch mit einem Schwerpunkt auf christlichen Werten bietet.
- **Med High Private English School:** Bietet Bildung von der Vorschule bis zu den A-Levels, mit einem Programm, das die Schüler auf Universitäten in Zypern und weltweit vorbereitet.

Paphos:

- **International School of Paphos:** Bietet Bildung von der Kindergartenstufe bis zu den A-Levels, folgt der britischen Lehre und fördert akademische Exzellenz und persönliche Entwicklung.

Preise:

Die Kosten variieren stark je nach Schule, Bildungsniveau und zusätzlich angebotenen Dienstleistungen. In der Regel kann das Schulgeld von einigen tausend bis über zehntausend Euro pro Jahr variieren. Es ist entscheidend, direkt mit den Schulen in Kontakt zu treten, um genaue Informationen über die Preise und die enthaltenen Dienstleistungen zu erhalten. Zu beachten ist, dass neben dem Schulgeld zusätzliche Gebühren anfallen können, wie für die Anmeldung, Bücher, Uniformen und außerschulische Aktivitäten.

Zusätzliche Überlegungen:

- **Aufnahme und Anforderungen:** Die Aufnahmepolitiken variieren zwischen den Schulen. Einige können Eingangsprüfungen, Interviews oder Bewertungen der bisherigen akademischen Leistungen des Schülers erfordern.

- **Sprache:** Obwohl Englisch die Hauptunterrichtssprache ist, bieten die Schulen oft zusätzliche Sprachkurse, einschließlich Griechisch, an, um die Integration in die lokale Umgebung zu erleichtern.

-**Akkreditierungen:** Die Suche nach Schulen, die von relevanten internationalen Organisationen wie dem Council of International Schools (CIS) oder der International Baccalaureate Organization (IBO) akkreditiert sind, kann hohe Bildungsstandards garantieren.

Beispiele für Universitäten in Zypern:

-**Universität Zypern (University of Cyprus):** Gelegen in Nikosia, ist sie die führende Hochschuleinrichtung des Landes und bietet eine breite Palette von Programmen auf Griechisch und Englisch an. Sie ist bekannt für ihre Forschung und Lehre in den Bereichen Naturwissenschaften, Geisteswissenschaften, Ingenieurwesen und Sozialwissenschaften.

-**Technische Universität Zypern (Cyprus University of Technology):** Diese in Limassol gelegene Universität ist auf technische und technologische Felder spezialisiert, bietet aber auch Programme in Kommunikationswissenschaften, Kunst und Wirtschaft an. Ihre Programme sind darauf ausgelegt, den Anforderungen des modernen Arbeitsmarktes gerecht zu werden.

-**Europäische Universität Zypern (European University Cyprus):** Mit einem Bildungsangebot, das Medizin, Gesundheitswissenschaften, Ingenieurwesen, Sozial- und Geisteswissenschaften umfasst, zeichnet sich diese Universität in Nikosia durch ihren Schwerpunkt auf Innovation und akademische Exzellenz aus.

-**Offene Universität Zypern (Open University of Cyprus):** Bietet Fernstudienprogramme in verschiedenen Bereichen an, ideal für Studenten, die Flexibilität in ihrer Bildung suchen.

-**Universität von Nikosia (University of Nicosia):** Bekannt dafür, Pionierarbeit bei der Einführung von Studiengängen in Medizin zu leisten und als erste Universität weltweit einen Masterstudiengang in Digitalen Währungen anzubieten. Die Universität von Nikosia zieht jedes Jahr eine große Zahl internationaler Studenten an.

RECHTLICHE UND PRAKTISCHE ERWÄGUNGEN.

Die rechtlichen und praktischen Überlegungen zur Einschreibung eines Kindes in das Schulsystem in Zypern, sei es öffentlich oder privat/international, umfassen verschiedene Schritte und Anforderungen, die Familien berücksichtigen müssen.

Diese Überlegungen stellen sicher, dass der Einschreibungsprozess reibungslos verläuft und dass die Schüler ihre Ausbildung in einer neuen Umgebung effektiv beginnen können.

Registrierung und Dokumentation:

-**Geburtsurkunden:** Für die Einschreibung eines Kindes in eine Schule wird eine offizielle und übersetzte Geburtsurkunde benötigt (falls sie nicht auf Griechisch oder Englisch vorliegt). Dieses Dokument dient als Nachweis des Alters des Kindes und in einigen Fällen der Beziehung zu den Eltern oder gesetzlichen Vormündern.

-**Nachweis des Wohnsitzes:** Die Eltern müssen einen Wohnsitznachweis in Zypern erbringen. Dies kann ein Mietvertrag, eine Strom- oder Wasserrechnung auf ihren Namen oder ein anderes offizielles Dokument sein, das ihre Wohnadresse auf der Insel bestätigt.

-**Rechtlicher Status:** Für Kinder ausländischer Familien ist es entscheidend, Dokumentation vorzulegen, die den legalen Status der Familie in Zypern belegt. Dies kann Aufenthaltsgenehmigungen, Arbeitsvisa oder ähnliche Dokumente umfassen.

-**Akademische Historie:** Für die Einschreibung in höhere Stufen, insbesondere bei privaten und internationalen Schulen, kann es erforderlich sein, den akademischen Werdegang und vorherige Bildungszertifikate des Kindes vorzulegen.

Einschreibungsprozess:

-**Besuche und Treffen:** Es wird empfohlen, die infrage kommenden Schulen zu besuchen, um sich mit dem Personal zu treffen, die Einrichtungen kennenzulernen und ein besseres Verständnis für das Bildungs- und soziale Umfeld zu gewinnen, das sie bieten.

-**Bewerbungen und Fristen:** Sowohl öffentliche als auch private Schulen können spezifische Fristen für die Einschreibung haben. Im Fall von privaten und internationalen Institutionen kann der Bewerbungsprozess Bewerbungsformulare, Interviews und in einigen Fällen Aufnahmeprüfungen umfassen.

29

HÄUFIG GESTELLTE FRAGEN.

-Können wir Ausgabenbelege für Mahlzeiten, Verpflegung, Flugtickets, Hotels, Taxis usw. sowohl aus Spanien, wo wir uns derzeit befinden, als auch aus anderen Ländern ab dem Datum der Firmengründung in Zypern einreichen?
Ja, außerdem ist zu beachten, dass Verpflegungskosten in Zypern bis zu 1 % des Umsatzes deines zypriotischen Unternehmens steuerlich absetzbar sind.

-Können Lebensmitteleinkäufe, die in einem Supermarkt in einem anderen Land als Zypern getätigt wurden, als Geschäftsausgaben für unser Unternehmen in Zypern mit dem Beleg oder der Rechnung eingereicht werden?
Ja, du kannst sie als Geschäftsausgaben einreichen.

-Welche anderen Ausgaben können wir innerhalb des Unternehmens geltend machen?
Telefon, IT, Druckerei, Schreibwaren.

-Ist die private Krankenversicherung als Geschäftsausgabe in Zypern absetzbar? Ja.

-Benötigen wir Rechnungen für Ausgaben oder reichen Einkaufsbelege aus?
Es ist besser, wenn du auch Rechnungen hast, aber Einkaufsbelege oder Quittungen sind ebenfalls gültig.

-Muss ich in Zypern sein, um das Verfahren zu starten?
Nein, es ist nicht erforderlich, in Zypern zu sein, um das Verfahren zur Registrierung des Unternehmens oder des steuerlichen Wohnsitzes zu starten.

-Muss ich in Zypern sein, um mit der Rechnungsstellung zu beginnen?
Nein, es ist nicht notwendig, in Zypern zu sein, um mit der Rechnungsstellung zu beginnen. Du kannst dein Unternehmen von überall auf der Welt aus betreiben.

-Muss ich ein Bankkonto in Zypern haben?
Nicht unbedingt, wir können dir eine Liste von Online-Banken zur Verfügung stellen, die Konten für zypriotische Unternehmen akzeptieren.

-Kann ich meinen eigenen Namen für das Unternehmen wählen?
Ja, es dauert etwa 3 bis 4 Werktage, bis der Firmenname genehmigt wird.

-Wie lange dauert es, die Firma zu gründen?
Die Registrierung des Unternehmens dauert etwa einen Monat, einschließlich der Erlangung einer Umsatzsteuer-Identifikationsnummer (VAT-Nummer), damit Sie Ihre erste Rechnung ausstellen können.

-Wie lange dauert es, den steuerlichen Wohnsitz zu etablieren?
Das Minimum sind 60 Tage, und der Prozess kann gleichzeitig mit der Firmengründung durchgeführt werden.

-Ich vermiete eine Immobilie, die sich in meinem Herkunftsland befindet. Zahle ich Steuern in Zypern oder in meinem Heimatland?
Das hängt von dem Land ab, in dem sich die Immobilie befindet. Wenn die Immobilie in Spanien liegt, müssen Sie das Formular 210 einreichen und vierteljährlich 19 % auf den Mietgewinn zahlen.

-Wann muss ich mich in meinem Heimatland abmelden?
Sobald wir Ihre persönliche Steuernummer in Zypern haben, werden wir sie Ihnen zusenden, und Sie können dann den Antrag auf Abmeldung stellen.

-Ist es notwendig, das Steueransässigkeitszertifikat (TRC) zu erhalten?
Wir können das TRC beim Finanzamt beantragen, falls es angefordert wird, z. B. von den spanischen Behörden oder einer Bank. Es dauert etwa 3-4 Wochen, bis es ausgestellt wird. Das TRC kann erst am Ende des Jahres oder zu Beginn des folgenden Jahres beantragt werden, da wir bis dahin den Steuerbehörden nicht nachweisen können, dass Sie 60 oder 183 Tage in Zypern geblieben sind und sich daher in keinem anderen Land mehr als 183 Tage aufgehalten haben. In einigen Fällen benötigen Kunden das TRC im ersten Jahr, weil es von den spanischen oder europäischen Behörden verlangt wird, aber nicht immer. Die Gebühren für das TRC betragen 500 €.

-Benötige ich eine permanente Adresse in Zypern, um den Non-Domicile-Status zu erhalten?
Ja, eine permanente Adresse ist erforderlich, und es müssen Rechnungen für Versorgungsleistungen auf Ihren Namen ausgestellt sein. Auch Studios oder Zimmer sind geeignet, das Wichtigste ist, einen Beleg zu haben, der auf Ihren Namen lautet.

Es ist die günstigste Option, wenn du nur kurze Zeit dort sein wirst. Wenn du an dieser Option interessiert bist, lass es uns wissen, und wir werden dir helfen.

-Müssen die 60 Tage am Stück sein?
Nein, die 60 Tage können aufgeteilt werden. Zum Beispiel 20 Tage im März, 20 Tage im Juni und 20 Tage im September.

-Wie schließe ich das Unternehmen, wenn ich aufhören möchte?
Wir müssen eine Aussetzung beantragen, die 600 € kostet. Dann wird das Unternehmen im Amtsblatt des Registrars veröffentlicht, und wenn es keine Einsprüche gibt, wird das Unternehmen nach 6 Monaten automatisch gelöscht.

-Was passiert, wenn ich Änderungen an den Direktoren oder Aktionären vornehmen möchte?
Ja, du kannst Änderungen am Status des Unternehmens vornehmen. Die Änderungen dauern 5 Werktage.

-Wie wissen die zypriotischen Behörden, dass ich in Zypern bin?
Das Finanzamt wird Kontoauszüge anfordern, um zu überprüfen, dass du mit deiner Karte Einkäufe in der Republik getätigt hast (z. B. in Supermärkten, Geschäften, Bars, Restaurants).

-Kann ich ein persönliches Konto in einem anderen Land haben?
Ja, natürlich kannst du alle deine persönlichen Bankkonten in verschiedenen Gerichtsbarkeiten behalten.

-Was passiert, wenn ich zu viele persönliche Ausgaben habe?
Du kannst einige deiner persönlichen Ausgaben unter dem Unternehmen verbuchen, wenn sie mit den Geschäftstätigkeiten des Unternehmens zusammenhängen.

-Kann ich ein Auto mit dem Geld des Unternehmens kaufen?
Ja, es ist möglich, das Auto zu kaufen und es als Firmenvermögen zu registrieren, aber dies ist ein steuerpflichtiger Vorteil. Du kannst jedoch die mit dem Betrieb des Autos verbundenen Kosten geltend machen, wenn es für das Unternehmen genutzt wird, wie z. B. Benzin und Wartung.

- Wann muss ich Steuern zahlen?
Ein Finanzjahr in Zypern beginnt am 01.01. und endet am 31.12. Der Standardsteuersatz beträgt 12,5 %, kann jedoch auf 2,50 % reduziert

werden, wenn du das IP-Box-Regime nutzt, indem du Software in deinem Unternehmen verwendest.

-Wie funktioniert das Gesundheitssystem?

Bezüglich des Gesundheitssystems hast du zwei Optionen:

Die erste Option ist der Abschluss einer privaten Krankenversicherung in Zypern, die je nach den gewählten Leistungen und dem Alter des Versicherten zwischen 200 € und 800 € pro Jahr kostet.

Die zweite Option (vorzugsweise für Familien) besteht darin, sich selbst ein Gehalt zu zahlen und in die Sozialversicherung einzuzahlen. Die gesamte Familie, einschließlich der Kinder, erhält dann europäische Leistungen. Der Beitrag zur Sozialversicherung beträgt 25,8 % des Gehalts, da sowohl der Arbeitnehmer als auch der Arbeitgeber zahlen.

-Kann ich einen Mitarbeiter im Unternehmen haben?
Wir empfehlen, unabhängige Selbstständige zu beauftragen, damit sie Rechnungen an dein Unternehmen stellen, und dieses zahlt ihnen als Subunternehmer. Du kannst auch eine Vereinbarung zwischen dem Unternehmen und den Subunternehmern treffen und die gleichen Rechte und Pflichten wie für einen Angestellten hinzufügen, einschließlich Arbeitsstunden, Jahresurlaub usw. Am besten ist es, wenn sie in ihrem eigenen Land selbstständig sind oder ihr eigenes Unternehmen haben, um dir für die erbrachten Dienstleistungen Rechnungen zu stellen.

-Kann ich ein Gehalt von der Firma beziehen?
Ja, wir empfehlen, ein Gehalt als Geschäftsführer des Unternehmens bis zu 15.600 € pro Jahr zu beziehen. Das entspricht 1.300 € pro Monat. Auf diese Weise musst du dich nicht registrieren oder als Privatperson eine Steuererklärung abgeben. Du kannst immer ein höheres Gehalt beziehen, aber dann musst du eine jährliche Erklärung als Selbstständiger abgeben, was nicht empfehlenswert ist, da du dann mehr Steuern zahlen würdest.

-Wie kann ich mich mit anderen Ausländern aus meinem Land in Zypern vernetzen?
In Zypern gibt es mehrere WhatsApp-Gruppen für Spanier, Deutsche und andere Ausländer, die sich jedes Wochenende zu Ausflügen, zum Essen, Sport treiben usw. treffen. Wir werden dich gerne einladen, diesen Gruppen beizutreten.

-Welche Steuern gibt es auf Erbschaften, Vermögen und Schenkungen?
Es gibt keinen solchen Steuer.

-Wann kann ich Dividenden auszahlen oder den Gewinn der Firma verteilen?
Du kannst dies einmal pro Jahr oder viermal pro Jahr (jedes Quartal) tun, jedoch ist es am Ende des Jahres am empfehlenswertesten.

-Können wir einen Handelsnamen registrieren, damit das Unternehmen Rechte an diesem Namen hat, wenn wir das Unternehmen bewerben?
Ja, du kannst einen Handelsnamen für eine Gebühr von 300 € (aktueller Kostenpunkt beim Finanzamt) registrieren.

-Welcher Nummer sollte für die Einnahmen- und Ausgabenrechnungen des Unternehmens in Zypern verwendet werden?
Die Steueridentifikationsnummer (TIN) ist die Nummer, die du sowohl auf deinen Verkaufs- als auch auf deinen Ausgabenrechnungen verwenden solltest. Die Handelsregisternummer des Unternehmens sollte dafür nicht verwendet werden, obwohl du sie, wenn gewünscht, auf deinen Verkaufsrechnungen angeben kannst.

-Nach 17 Jahren des Non-Dom-Status, welche Steuern fallen an, wenn Dividenden aus dem Unternehmen ausgeschüttet werden?
Es fallen 17 % spezielle Verteidigungssteuer auf Dividenden plus 2,65 % GESY an, insgesamt also 19,65 %.

-Brauche ich eine Sozialversicherung?
Es ist nicht erforderlich, eine Sozialversicherung zu haben, um Direktor eines Unternehmens zu sein.

-Berechnung einiger Tage für die steuerliche Ansässigkeit in Zypern:

1. Der Tag der Abreise aus Zypern zählt als ein Tag der Ansässigkeit außerhalb von Zypern.
2. Der Tag der Ankunft in Zypern zählt als ein Tag der Ansässigkeit in Zypern.
3. Ankunft und Abreise aus Zypern am selben Tag zählen als ein Tag der Ansässigkeit in Zypern.
4. Abreise und Ankunft in Zypern am selben Tag zählen als ein Tag der Ansässigkeit außerhalb von Zypern.

30
GESCHICHTE ZYPERNS.

Die Geschichte Zyperns ist umfangreich und komplex, geprägt durch seine strategische Lage im Mittelmeer, die über Jahrtausende hinweg viele Zivilisationen angezogen hat.

ANTIKE:

Die Vorgeschichte und Antike Zyperns bieten einen faszinierenden Einblick in die frühen Zivilisationen und die menschliche Entwicklung im Mittelmeer.

Die Insel spielte eine entscheidende Rolle in der antiken Geschichte, hauptsächlich aufgrund ihrer reichen Kupfervorkommen und ihrer strategischen Lage, die Handel und kulturellen Austausch erleichterten.

1. Vorgeschichte:

-Erste Siedlungen: Die frühesten Belege menschlicher Aktivität auf Zypern stammen aus dem 10. Jahrtausend v.Chr., aus der neolithischen Zeit. Diese ersten Bewohner kamen vom Festland und führten Landwirtschaft, Viehzucht und die ersten Formen dauerhafter Siedlungen auf der Insel ein.

-Neolithikum: Während dieser Periode (ungefähr 8200-3900 v.Chr.) erlebte Zypern die Entwicklung bedeutender Siedlungen wie Choirokoitia und Kalavasos-Tenta, die zum UNESCO-Weltkulturerbe gehören. Diese Stätten zeigen Belege für fortgeschrittene soziale Organisation, Architektur befestigter, kreisförmiger Wohngebäude und landwirtschaftliche sowie viehzüchterische Praktiken.

2. Bronzezeit:

-Kupferhandel: Die Bronzezeit (ca. 2500-1050 v.Chr.) verwandelte Zypern in ein wichtiges Zentrum für die Produktion und den Handel von Kupfer, einem wesentlichen Metall für die Herstellung von Werkzeugen und Waffen in der gesamten Region. Das zyprische Kupfer war hoch begehrt und wurde im gesamten Mittelmeerraum exportiert, was die Wirtschaft und den Reichtum der Insel ankurbelte. Der Name "Zypern" leitet sich vom lateinischen Wort "aes Cyprium", was "Metall aus Zypern" bedeutet, ab. Dieser Begriff entwickelte sich zum lateinischen Wort "cuprum", von dem der heutige chemische Begriff für Kupfer (Cu) stammt. Der durch den Kupferhandel erzeugte Reichtum ermöglichte es Zypern, Handels- und kulturelle Beziehungen zu den großen Zivilisationen des Mittelmeers, einschließlich der Ägypter, Assyrer und Griechen, zu etablieren. Dies förderte einen kulturellen Austausch, der sich in Kunst, Religion und sozialen Praktiken der Insel widerspiegelte.

-Minoer und Mykener: Gegen Ende der Bronzezeit wurde Zypern von den Minoern und später von den mykenischen Griechen beeinflusst, die Siedlungen gründeten und die Nutzung der griechischen Sprache, Religion und hellenistischen kulturellen Praktiken förderten, die bis heute andauern. Darüber hinaus wurde Zypern im Laufe seiner antiken Geschichte aufgrund seiner strategischen Lage und seiner reichen Ressourcen von verschiedenen ausländischen Mächten kontrolliert und erobert. Dazu gehörten die Ägypter, Hethiter, Assyrer und Perser.

3. Hellenistische Periode Griechenlands:

-Eroberung durch Alexander den Großen: Der griechische Einfluss auf Zypern wurde durch die Eroberung der Insel durch Alexander den Großen im Jahr 333 v.Chr. gefestigt. Nach seinem Tod wurde Zypern Teil des Reiches der Ptolemäer in Ägypten und unterhielt enge kulturelle und politische Beziehungen zur hellenistischen Welt.

- **Ptolemäische Herrschaft:** Unter den Ptolemäern, einem der Generäle Alexanders des Großen, spielte Zypern eine strategische Rolle im östlichen Mittelmeer und diente als wichtiges maritimes und Handelszentrum. In dieser Zeit erlebten die Städte Zyperns eine kulturelle Blüte, mit dem Bau neuer Tempel, Theater und anderer öffentlicher Gebäude im griechischen Stil.

4. Römische Periode:

- **Annexion durch das Römische Reich:** Im Jahr 58 v.Chr. wurde Zypern von Pompeius in das Römische Reich eingegliedert. Es wurde zu einer senatorischen Provinz und später, während der Regierungszeit von Augustus, zu einer kaiserlichen Provinz. Die Romanisierung der Insel brachte administrative Veränderungen und eine weitere städtische Entwicklung mit sich.
Während der römischen Herrschaft genoss Zypern eine lange Phase des Friedens und Wohlstands. Die Infrastruktur wurde verbessert, einschließlich Straßen, Aquädukten und Häfen, und prächtige öffentliche und private Gebäude wurden errichtet. Das städtische Leben blühte in Städten wie Paphos, Salamis und Kourion auf.

- **Christentum:** Zypern hat einen besonderen Platz in der Geschichte des frühen Christentums. Gemäß der Apostelgeschichte besuchten die Apostel Paulus, Barnabas (ein gebürtiger Zypriot) und Markus die Insel auf ihrer ersten missionarischen Reise und konvertierten den römischen Prokonsul Sergius Paulus zum Christentum.
Es wird auch gesagt, dass Lazarus, der von Jesus auferweckt wurde, auf der Insel predigte, bis er starb, wo eine Kirche mit seinen mutmaßlichen Überresten steht. Somit wurde Zypern einer der ersten Orte im Mittelmeer, der das Christentum als Religion annahm, mit einer früh etablierten kirchlichen Organisation.
Die Koexistenz und der kulturelle Synkretismus kennzeichneten die griechisch-römische Periode in Zypern. Griechische religiöse und kulturelle Praktiken vermischten sich mit lokalen Traditionen und römischen Einflüssen, was zu einer reichen kulturellen Mischung führte.

Die Kunst und Architektur Zyperns in dieser Zeit spiegeln die Verschmelzung griechischer und römischer Einflüsse wider. Die Mosaike von Paphos sind beispielsweise Zeugnisse der hohen Kunst des Römischen Reiches auf der Insel, während zahlreiche archäologische Stätten die Kontinuität der hellenistischen Traditionen aufzeigen. Die Wirtschaft Zyperns unter römischer Herrschaft profitierte vom Handel innerhalb des weitläufigen Reiches. Die Produktion und der Export von Kupfer blieben wichtig, und die Insel war auch für ihre Weine und andere landwirtschaftliche Produkte bekannt.

MITTELALTER:

1. Byzantinische Periode: In Zypern erstreckt sich diese Zeit ungefähr vom 4. bis zum 12. Jahrhundert. Sie repräsentiert eine Ära von großer historischer und kultureller Bedeutung für die Insel. Während dieser Zeit war Zypern fest in das Byzantinische Reich integriert und erlebte sowohl Phasen des Friedens und Wohlstands als auch Zeiten von Konflikten und Herausforderungen. Die Überführung Zyperns unter byzantinische Kontrolle erfolgte allmählich nach der Teilung des Römischen Reiches im Jahr 395 n.Chr. Zypern wurde Teil des Ost-Römischen Reiches, später als Byzantinisches Reich bekannt, mit Konstantinopel als seiner Hauptstadt. Während der byzantinischen Periode konsolidierte sich das orthodoxe Christentum als die dominierende Religion auf Zypern. Der Bau von byzantinischen Kirchen und Klöstern, viele davon sind noch heute erhalten, zeugen von der tiefen religiösen Glaubensstärke und der künstlerischen Reichtum dieser Zeit. Die religiöse Architektur dieser Periode ist gekennzeichnet durch ihre aufwendigen Mosaike, Fresken und einen architektonischen Stil, der die spätere Entwicklung der religiösen Architektur auf der Insel beeinflussen würde. Ab dem 7. Jahrhundert sah sich Zypern zahlreichen Überfällen durch die Araber ausgesetzt. Im Jahr 649 führten die Araber einen bedeutenden Angriff durch, was den Beginn einer Periode wiederkehrender Konflikte markierte.

Im Jahr 688 schlossen der byzantinische Kaiser Justinian II. und der umayyadische Kalif Abd al-Malik ein einzigartiges Abkommen, gemäß dem Zypern zu einem Kondominium wurde, das gemeinsam von Byzantinern und Arabern verwaltet und besteuert wurde. Diese Regelung hielt an, bis die Byzantiner im 10. Jahrhundert die vollständige Kontrolle über die Insel zurückgewannen. Die endgültige Rückeroberung Zyperns durch die Byzantiner führte zu einer Zeit der Wiederaufbau und Revitalisierung.
Städte wurden befestigt und neue Kirchen gebaut, was die Renaissance des byzantinischen Einflusses widerspiegelt.
Während der Zeit der Ikonoklasmus in Byzanz (726-787 und 814-842) wurde Zypern zu einer Zuflucht für Mönche und orthodoxe Gläubige, die Ikonen verehrten, obwohl die Insel selbst nicht immun gegen interne Konflikte im Zusammenhang mit dieser Kontroverse war. Zypern beherbergt einige der beeindruckendsten Beispiele byzantinischer Kunst, insbesondere in Form von Mosaiken und Fresken in Kirchen und Klöstern. Diese Werke sind nicht nur künstlerisch wertvoll, sondern bieten auch wichtige Einblicke in das religiöse und soziale Leben der Zeit.

2. Franko-lateinische Herrschaft (Königreich Zypern): Im Jahr 1191, während des Dritten Kreuzzugs, eroberte Richard Löwenherz von England Zypern von Isaak Komnenos, der sich zum unabhängigen Herrscher der Insel erklärt hatte. Richard nutzte Zypern als Basis für seinen Kreuzzug ins Heilige Land, verkaufte die Insel jedoch kurz nach seiner Eroberung an die Tempelritter, und als diese es zu schwierig fanden, die Kontrolle zu behalten, verkauften sie sie an Guy de Lusignan, einen französischen Adligen. Guy de Lusignan gründete das Königreich Zypern und leitete eine Periode franco-lateinischer Herrschaft ein, die bis ins 15. Jahrhundert andauern sollte. Unter den Lusignan wurde Zypern ein Lehen des Heiligen Römischen Reiches und später des Papsttums, wobei enge Verbindungen zu Westeuropa aufrechterhalten wurden.
Während der franco-lateinischen Herrschaft war die Insel durch eine feudale Gesellschaft und einen starken Einfluss der französischen und lateinischen Kultur und Traditionen geprägt.
Es wurden zahlreiche gotische Kirchen und Burgen gebaut, und katholische religiöse Orden wurden etabliert.

Trotz der europäischen Herrschaft bewahrte die griechisch-orthodoxe Bevölkerung ihren Glauben und ihre kulturellen Praktiken, obwohl sie oft in einer untergeordneten Position waren.

3. Venezianische Herrschaft:

Im Jahr 1489, nach dem kinderlosen Tod der Königin Charlotte von Lusignan, gelangte Zypern durch die Heirat von Caterina Cornaro, der Erbin des zyprischen Throns, mit einem venezianischen Adligen in die Hände der Republik Venedig. Venedig strebte die Kontrolle über Zypern vor allem wegen seiner strategischen und wirtschaftlichen Bedeutung im Mittelmeerhandel an.
Die Venezianer konzentrierten sich darauf, die Verteidigungsanlagen Zyperns zu stärken, um sich gegen die wachsende osmanische Bedrohung zu schützen. Beeindruckende Befestigungsanlagen wurden in Städten wie Nikosia, Famagusta und Kyrenia errichtet. Die venezianische Verwaltung führte ein zentralisiertes Regierungssystem ein, das jedoch auch Unzufriedenheit unter der lokalen Bevölkerung aufgrund hoher Steuern und wirtschaftlicher Ausbeutung hervorrief.
Die venezianische Herrschaft über Zypern endete 1571, als die osmanische Flotte unter dem Kommando von Lala Mustafa Pascha die Insel nach der Belagerung von Famagusta eroberte. Der heroische, aber letztlich erfolglose Widerstand der venezianischen Garnison in Famagusta markierte das Ende der venezianischen Kontrolle über Zypern.

NEUZEIT:

Das Osmanische Reich eroberte Zypern 1571 von der Republik Venedig nach einer langen Belagerung der Stadt Famagusta. Die Eroberung war Teil der osmanischen Expansion im Mittelmeer, um strategische Handelsrouten zu kontrollieren und die europäische christliche Einflussnahme entgegenzuwirken.
Unter osmanischer Herrschaft wurde Zypern als Eyalet oder Provinz organisiert, mit einem vom Sultan ernannten Gouverneur.

Die osmanische Verwaltung führte Steuersysteme und Gesetze auf Basis des Millet-Systems ein, das den nicht-muslimischen religiösen Gemeinschaften ein gewisses Maß an Autonomie gewährte. Obwohl die Osmanen Muslime waren, förderten sie eine Politik der relativen religiösen Toleranz. Die Griechisch-Orthodoxe Kirche beispielsweise erhielt rechtliche Anerkennung und durfte sich in internen Angelegenheiten selbst verwalten, was ihre Position in der zyprischen Gesellschaft stärkte. Die Wirtschaft Zyperns unter osmanischer Herrschaft erlebte Perioden des Niedergangs, bedingt durch eine Kombination von Faktoren wie steigende Steuern, Vernachlässigung der Infrastruktur sowie wiederkehrende Seuchen und Hungersnöte. Diese wirtschaftlichen Probleme, zusammen mit einem oft ineffizienten Verwaltungssystem, beeinträchtigten das Leben der lokalen Bevölkerung. Die osmanische Eroberung brachte auch bedeutende demografische Veränderungen mit sich, einschließlich der Ankunft muslimischer türkischer Siedler. Dies veränderte die ethnische und religiöse Zusammensetzung der Insel und legte den Grundstein für die komplexen griechisch-türkischen Beziehungen auf Zypern. Während der osmanischen Periode gab es Episoden des Widerstands und Aufstände seitens der zyprischen Bevölkerung, die größtenteils durch Unzufriedenheit mit der osmanischen Verwaltung, hohe Steuern und Repression motiviert waren. Die osmanische Ära hinterließ ein dauerhaftes kulturelles Erbe in Zypern, sichtbar in Architektur, Küche und Traditionen. Moscheen und türkische Bäder in Städten wie Nikosia und Famagusta sind Beispiele für den osmanischen architektonischen Einfluss.

ZEITGESCHICHTE:

-Zypern wurde vom Osmanischen Reich an das Britische Empire abgetreten: Dies geschah 1878 unter dem Cyprus Convention, was es Großbritannien ermöglichte, die Insel als Militärbasis zu nutzen, um die Route nach Indien, sein koloniales Juwel, zu schützen. Obwohl Zypern zunächst an das Vereinigte Königreich verpachtet wurde, wurde es 1914 zu Beginn des Ersten Weltkriegs, als das Osmanische Reich sich den Mittelmächten anschloss, formell annektiert.

Während der britischen Herrschaft wurde Zypern als eine Kronkolonie regiert. Die Briten implementierten eine koloniale Verwaltungsstruktur und behielten gleichzeitig bestimmte osmanische Strukturen bei, wie das Millet-System für religiöse Gemeinschaften. Unter britischer Herrschaft erlebte Zypern bedeutende Verbesserungen seiner Infrastruktur.

Die Briten bauten Straßen, verbesserten die Häfen, führten den Post- und Telegraphendienst ein und etablierten ein Rechtssystem nach britischem Vorbild. Die britische Verwaltung versuchte auch, die zyprische Wirtschaft zu modernisieren, allerdings mit begrenztem Erfolg. Die Landwirtschaft blieb die Hauptwirtschaftstätigkeit, aber es wurden Anstrengungen unternommen, die Wirtschaft zu diversifizieren, einschließlich der Förderung des Tourismus. Während der britischen Kolonialzeit begannen nationalistische Bewegungen in Zypern zu entstehen. Die griechisch-zyprische Mehrheit strebte die „Enosis", also die Vereinigung mit Griechenland, inspiriert durch das Ideal der Megali Idea, den Traum von der Wiederbelebung des Byzantinischen Reiches unter griechischer Führung, an. Andererseits begann die türkisch-zyprische Minderheit, beeinflusst durch den türkischen Nationalismus und als Reaktion auf die Enosis-Bewegung, die „Taksim", oder die Teilung der Insel zwischen Griechenland und der Türkei, zu befürworten. Die britische Reaktion auf diese Bewegungen war im Allgemeinen repressiv, mit Perioden des Kriegsrechts, Zensur und dem Exil von nationalistischen Führern. Die Spannungen zwischen den griechisch- und türkisch-zyprischen Gemeinschaften verschärften sich, oft mit dem britischen Kolonialismus als unfreiwilligem Vermittler zwischen den beiden.

-Unabhängigkeit:

Die Unabhängigkeit war das Ergebnis eines verhandelten Prozesses, der Großbritannien, Griechenland und die Türkei einbezog. Die Gespräche fanden in einem Kontext zunehmender Gewalt auf der Insel statt, insbesondere der Guerillakampagne der Organisation EOKA (Nationale Organisation Zypriotischer Kämpfer), die für die Vereinigung (Enosis) Zyperns mit Griechenland kämpfte.

Die Unabhängigkeit Zyperns wurde 1959 durch die Zürich- und London-Abkommen formalisiert, die einen Rahmen für die Gründung der Republik Zypern festlegten.
Diese Abkommen zielten darauf ab, ein Gleichgewicht zwischen der griechisch-zyprischen und der türkisch-zyprischen Gemeinschaft zu gewährleisten, indem beiden bestimmte politische Rechte und Sicherheitsgarantien eingeräumt wurden.
Die Republik Zypern wurde als bikommunale Republik etabliert, in der die Macht zwischen den beiden Hauptgemeinschaften der Insel geteilt werden würde. Der Präsident sollte griechisch-zyprisch und der Vizepräsident türkisch-zyprisch sein, mit einem Vetorecht in bestimmten Regierungsbereichen zum Schutz der Interessen beider Gemeinschaften.
Die Abkommen wiesen auch Griechenland, der Türkei und dem Vereinigten Königreich die Rolle als Garantiemächte der Unabhängigkeit, der territorialen Integrität und der Sicherheit Zyperns zu. Dies gab ihnen das Recht, unter bestimmten Umständen in die Insel zu intervenieren, ein Punkt, der in der Zukunft bedeutende Implikationen haben würde.
Trotz der Hoffnungen auf Frieden und Stabilität entstanden bald Spannungen zwischen den griechisch- und türkisch-zyprischen Gemeinschaften. Streitigkeiten über die Interpretation und Anwendung der Verfassung führten zu interkommunalen Zusammenstößen. Die Situation verschärfte sich und erreichte ihren kritischen Punkt in den Jahren 1963-64, als bewaffnete Auseinandersetzungen zur Intervention der Vereinten Nationen führten.
Als Reaktion auf die Gewalt gründeten die Vereinten Nationen 1964 die Friedenstruppe der Vereinten Nationen in Zypern (UNFICYP), um weitere Zusammenstöße zu verhindern. Die Präsenz der UNFICYP besteht bis heute fort. Die Unabhängigkeit Zyperns löste die grundlegenden Spannungen zwischen seinen konstituierenden Gemeinschaften nicht. Die nachfolgenden Ereignisse, insbesondere der von Griechenland unterstützte Staatsstreich von 1974 und die darauffolgende türkische Invasion, führten zu einer de facto Teilung der Insel, eine Situation, die bis heute andauert.

Seit 1960 gab es zahlreiche Versuche, den zyprischen Konflikt zu lösen, einschließlich Wiedervereinigungsplänen unter der Schirmherrschaft der UNO. Dennoch haben Differenzen über Sicherheitsfragen, Governance und Eigentum den Fortschritt hin zu einer dauerhaften Lösung behindert.

Seit der Unabhängigkeit Zyperns im Jahr 1960 waren die Spannungen zwischen den griechisch-zyprischen und türkisch-zyprischen Gemeinschaften eine Konstante, oft verschärft durch die Politik der Mutterländer, Griechenland und Türkei, entsprechend.

Am 15. Juli 1974 führte ein von der damals herrschenden griechischen Militärjunta angeführter Staatsstreich in Zypern zur Absetzung von Präsident Makarios III., mit dem Ziel, die Enosis, also die Vereinigung Zyperns mit Griechenland, zu erreichen. Dieses Ereignis war der unmittelbare Vorwand für das türkische Eingreifen.

Die Türkei rechtfertigte ihr Handeln mit ihrem Recht zu intervenieren, wie es die Zürich- und Londoner Abkommen von 1959-60 als Garantiemacht vorsahen, und startete am 20. Juli 1974 eine militärische Invasion, die als „Operation Attila" bekannt ist.

Die Invasion erfolgte in zwei Phasen, die erste begann am 20. Juli und die zweite am 14. August, wodurch die türkische Kontrolle über den Norden der Insel ausgedehnt wurde.

Die Invasion führte zu einer massiven Umsiedlung von Bevölkerungsgruppen, wobei griechisch-zyprische Einwohner nach Süden und türkisch-zyprische nach Norden flohen, was die ethnische Teilung der Insel verschärfte.

Es gab auch zahlreiche Opfer und Vermisste auf beiden Seiten, und es wurden Menschenrechtsverletzungen gemeldet.

Als Ergebnis der Invasion wurde Zypern de facto in zwei Teile geteilt: die Republik Zypern, kontrolliert von Griechisch-Zyprern, die etwa 59 % des Südens der Insel umfasst, und der Norden, kontrolliert von Türkisch-Zyprern und türkischen Truppen, der etwa 36 % des Territoriums umfasst. Die „Grüne Linie", eine von der Friedenstruppe der Vereinten Nationen in Zypern (UNFICYP) aufrechterhaltene entmilitarisierte Zone, trennt die beiden Teile.

Im Jahr 1983 erklärte die türkisch-zyprische Verwaltung im Norden ihre Unabhängigkeit und gründete die Türkische Republik Nordzypern (TRNZ).

Diese Unabhängigkeitserklärung wurde jedoch nur von der Türkei anerkannt, und die internationale Gemeinschaft betrachtet das Gebiet der TRNZ als Teil der Republik Zypern.

AKTUELLES:

Zypern trat am 1. Mai 2004 als Teil der größten Erweiterung in der Geschichte der EU der Europäischen Union bei.
Der Beitritt stellte einen bedeutenden Meilenstein für Zypern dar und bot Möglichkeiten für wirtschaftliche Entwicklung, politische Integration und regionale Zusammenarbeit.
Obwohl die Insel politisch geteilt ist, wird nur die Republik Zypern, die den Süden der Insel kontrolliert, international anerkannt und ist somit die einzige Regierung, die Zypern in der EU vertritt.
Der Norden, selbsternannt als Türkische Republik Nordzypern (TRNZ), wird nur von der Türkei anerkannt und ist kein Mitglied der EU. Die Insel ist physisch durch die „Grüne Linie", eine Pufferzone, die von der Friedenstruppe der Vereinten Nationen in Zypern (UNFICYP) patrouilliert wird, geteilt. Diese Trennung spaltet die Republik Zypern, mehrheitlich griechisch-zyprisch, im Süden, von der TRNZ, mehrheitlich türkisch-zyprisch, im Norden.
Die Unabhängigkeitserklärung der TRNZ im Jahr 1983 wurde international, außer von der Türkei, nicht anerkannt.
Dies hat sich als ein erhebliches Hindernis für internationale Beziehungen und Versöhnung auf der Insel erwiesen.
Es gab zahlreiche Bemühungen und Verhandlungsrunden, um die Insel unter einem föderalen, bikommunalen und bizonalen Rahmen zu vereinen.
Diese Bemühungen, die von der UNO erleichtert wurden, haben versucht, Schlüsselfragen wie Sicherheit, Governance, Territorium und Eigentum zu lösen. Trotz einiger Fortschritte und der zu verschiedenen Zeiten gezeigten Kompromissbereitschaft beider Gemeinschaften, wurde bisher keine dauerhafte Lösung erreicht.
Dennoch fühlt der Ausländer, der heute auf die Insel zieht, zu keinem Zeitpunkt, dass es derzeit einen Konflikt gibt, da es seit etwa 50 Jahren keine bewaffneten oder militärischen Aggressionen gegeben hat.

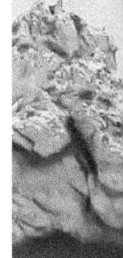

31
KRISIS DER ZYPRISCHEN BANKEN

Die Krise der zyprischen Banken ist ein bedeutendes Ereignis in der jüngsten Wirtschaftsgeschichte Europas, das in den Jahren 2012-2013 stattfand.

Dieses Ereignis war Teil der europäischen Staatsschuldenkrise und hatte bedeutende Auswirkungen sowohl auf die Wirtschaft Zyperns als auch auf die Eurozone im Allgemeinen.

Im Folgenden stellen wir die Schlüsselpunkte dieser Krise dar:

Hintergrund

-**Immobilienblase und Bankenexpansion:** Vor der Krise erlebten die zyprischen Banken eine bedeutende Expansion, teilweise aufgrund von Investitionen in den Immobiliensektor und dem Erwerb von griechischen Staatsanleihen.
-**Globale Finanzkrise:** Die Finanzkrise von 2008 hatte negative Auswirkungen auf die zyprischen Banken, was die Probleme verschärfte, die aus ihrer Überexposition gegenüber dem überschuldeten Immobiliensektor und der griechischen Staatsverschuldung resultierten.

Auslöser

-**Schuldenschnitt bei griechischen Anleihen:** Im Jahr 2011, als Teil der Maßnahmen zur Bewältigung der Schuldenkrise in Griechenland, wurde ein erheblicher Schuldenschnitt bei griechischen Staatsanleihen durchgeführt, was die zyprischen Banken aufgrund ihrer großen Exposition gegenüber diesen Vermögenswerten hart traf.
-**Vertrauensverlust und Kapitalflucht:** Die finanzielle Situation der zyprischen Banken verschlechterte sich schnell, was zu einem Vertrauensverlust bei den Einlegern und einer Kapitalflucht führte.

Folgen

-**Finanzielle Rettung:** Im März 2013 erreichte Zypern eine Einigung mit der Troika (Europäische Kommission, Europäische Zentralbank und Internationaler Währungsfonds) über ein Rettungspaket in Höhe von 10 Milliarden Euro. Dieses Abkommen umfasste strenge Maßnahmen wie die Umstrukturierung der Banken und das Auferlegen von Verlusten an ungesicherte Einleger (ein Prozess, der als "Bail-in" bekannt ist).
-**Kapitalkontrollen:** Um eine massive Kapitalflucht zu verhindern, führte die zyprische Regierung Kapitalkontrollen ein, eine beispiellose Maßnahme in der Eurozone, die den freien Kapitalverkehr einschränkte.
-**Wirtschaftliche und soziale Auswirkungen:** Die Krise hatte tiefgreifende Auswirkungen auf die zyprische Wirtschaft, führte zu einer Rezession, steigender Arbeitslosigkeit und dem Verlust von Vermögen der Haushalte.
-**Reformen und Erholung:** Im Gegenzug für die Rettungsmaßnahmen verpflichtete sich Zypern zu bedeutenden strukturellen Reformen. Trotz der Tiefe der Krise begann die Wirtschaft Zyperns in den folgenden Jahren Anzeichen einer Erholung zu zeigen.

Antwort: Finanz- und Bankreformen

-**Umstrukturierung des Bankensektors:** Die Größe des zyprischen Bankensektors wurde reduziert und die Hauptbanken wurden umstrukturiert, einschließlich der Abwicklung der Laiki Bank und der Übertragung einiger ihrer Aktiva und Passiva an die Bank of Cyprus.
-**Stärkung der Finanzaufsicht und -regulierung:** Zypern verstärkte sein Rahmenwerk zur Bankenregulierung und -aufsicht, um das Risikomanagement zu verbessern und die Resilienz des Finanzsektors zu erhöhen.

Antwort: Fiskal- und Verwaltungsreformen

-**Fiskalische Konsolidierung:** Zypern implementierte Sparmaßnahmen zur Reduzierung des öffentlichen Defizits, einschließlich Kürzungen der Staatsausgaben und Steuererhöhungen.
-**Reform der öffentlichen Verwaltung:** Es wurden Reformen durchgeführt, um die Effizienz des öffentlichen Sektors zu verbessern, einschließlich der Verringerung der Bürokratie und der Verbesserung der digitalen öffentlichen Dienste.

Antwort: Reformen des Arbeitsmarktes und der Rentensysteme

-Reform des Arbeitsmarktes: Es wurden Reformen eingeführt, um den Arbeitsmarkt flexibler zu gestalten und die Wettbewerbsfähigkeit zu verbessern. Dazu gehörten Maßnahmen, die die Einstellung und Entlassung von Mitarbeitern erleichtern.

-Reform des Rentensystems: Änderungen wurden implementiert, um die Nachhaltigkeit des Rentensystems zu gewährleisten, einschließlich der Erhöhung des Renteneintrittsalters.

-Reformen und Politiken zur Anziehung von Investoren, Unternehmen und digitalen Nomaden: Diese Maßnahmen zielten darauf ab, nicht nur die wirtschaftliche Stabilität wiederherzustellen, sondern auch die wirtschaftliche Basis des Landes zu diversifizieren und nachhaltiges Wachstum zu fördern.

Einige der bemerkenswertesten Initiativen sind:

-Investment Citizenship-Regime: Obwohl es später im Jahr 2020 aufgrund von Bedenken hinsichtlich seiner Integrität und dem Druck der Europäischen Union ausgesetzt wurde, ermöglichte dieses Programm ausländischen Investoren, die zyprische Staatsbürgerschaft im Austausch für erhebliche Investitionen im Land zu erlangen. Dies umfasste Investitionen in Immobilien, lokale Unternehmen, Investmentfonds oder durch die Schaffung von Arbeitsplätzen.

-Steuerliche Anreize: Zypern hat eine Reihe von steuerlichen Anreizen geboten, um Unternehmen und Fachkräfte anzuziehen:

1. Wettbewerbsfähige Körperschaftsteuer: Mit einem der niedrigsten Körperschaftsteuersätze in der EU (12,5%) hat sich Zypern als attraktiver Standort für internationale Unternehmen positioniert.

2. Regime für Nichtansässige: Nicht in Zypern ansässige Personen, die bestimmte Kriterien erfüllen, können von Steuerbefreiungen auf Dividenden- und Zinseinkünfte sowie von Kapitalgewinnen unter bestimmten Bedingungen profitieren.

3. Anreize für Innovation und Start-ups: Es wurden Steuerabzüge für Investitionen in Innovation, Forschung und Entwicklung sowie Start-ups eingeführt.

4. Visum für Digitale Nomaden: Als Reaktion auf den wachsenden Trend der Fernarbeit hat Zypern ein Visum für digitale Nomaden eingeführt, das es Nicht-EU-Arbeitnehmern ermöglicht, in Zypern zu leben, während sie für Arbeitgeber oder Kunden außerhalb des Landes arbeiten. Dieses Visum bietet aufgrund des Klimas, der Lebensqualität und der steuerlichen Anreize eine attraktive Umgebung.

5. Vereinfachung der Unternehmensverfahren: Zypern hat die administrativen und Registrierungsverfahren für neue Unternehmen vereinfacht, um die Bürokratie zu reduzieren und die Gründung und den Betrieb von Unternehmen zu erleichtern. Dies umfasst die Verbesserung digitaler Dienste für die Unternehmensregistrierung und die Steuerverwaltung.

6. Entwicklung von Infrastruktur und Dienstleistungen: Die Investition in hochwertige Infrastruktur wie Telekommunikation, Energie und Verkehr sowie die Förderung von hochwertigen Finanz-, Rechts- und Unternehmensdienstleistungen haben Zypern zu einem attraktiven Ziel für internationale Unternehmen gemacht.

7. Förderung des Energiesektors und Erdgases: Die Erschließung von Erdgasfeldern in der ausschließlichen Wirtschaftszone Zyperns hat neue Möglichkeiten für Investoren im Energiesektor eröffnet, mit dem Ziel, Zypern zu einem Energie-Hub im Mittelmeerraum zu machen.

Ergebnisse der Erholung

Bis zum Jahr 2024 hat Zypern eine bemerkenswerte wirtschaftliche Erholung seit dem Tiefpunkt seiner Finanzkrise erreicht:

-**Wirtschaftswachstum:** Die zyprische Wirtschaft erlebte in den Jahren nach der Krise ein anhaltendes Wachstum, angetrieben durch Investitionen, Konsum und Wachstum in Sektoren wie Tourismus, Energie und Finanzdienstleistungen.

-**Rückgang der Arbeitslosigkeit:** Die Arbeitslosenquote, die während der Krise Rekordniveaus erreicht hatte, sank dank der wirtschaftlichen Erholung und der Arbeitsmarktreformen bis 2024 auf 6,4 %.

-**Finanzielle Stabilität:** Die zyprischen Banken sind stabiler und widerstandsfähiger geworden, mit verbesserten Kapital- und Liquiditätskennzahlen.

- **Ende der Kapitalkontrollen:** Zypern hat es geschafft, die während der Krise eingeführten Kapitalkontrollen vollständig aufzuheben und das Vertrauen in das Finanzsystem wiederherzustellen.
- **Verbesserung des Investorenvertrauens:** Die umgesetzten Reformen und die wirtschaftliche Erholung haben dazu beigetragen, das Vertrauen der Investoren in Zypern wiederherzustellen.

32
WICHTIGSTE STÄDTE UND TOURISTISCHE ORTE

Volkszählung

Im Jahr 2024 hat Zypern eine geschätzte Gesamtbevölkerung von 875.900 Einwohnern.

Die Bevölkerungsverteilung in den 7 größten Städten Zyperns ist wie folgt:

-Nikosia: Hat ungefähr 330.000 Einwohner. Es ist die Hauptstadt und die größte Stadt Zyperns, die als Hauptzentrum für Politik, Verwaltung und Kultur dient.
-Limassol: Hat etwa 240.000 Einwohner. Bekannt als ein wichtiges Finanzzentrum und Seehafen.
-Larnaka: Beherbergt etwa 72.000 Einwohner. Eine Küstenstadt, bekannt für ihre Strände und den Hauptflughafen Zyperns.
-Famagusta: Hat rund 42.000 Einwohner. Ein wichtiger touristischer Zielort, obwohl ein Teil seines Gebiets in der von der Türkischen Republik Nordzypern verwalteten Zone liegt.
-Paphos: Hat etwa 35.900 Einwohner. Eine UNESCO-Welterbestätte und ein beliebtes Touristenziel.
-Ayia Napa: Hat etwa 2.900 Einwohner. Berühmt für seine Strände und das lebhafte Nachtleben.

Bezüglich der ausländischen Gemeinschaft sind etwa 22% der Bevölkerung in Zypern Ausländer, was etwa 192.698 Personen entspricht.

Die geschätzte Verteilung der Ausländer nach Nationalität, basierend auf den Migrationsmustern bis 2024, ist wie folgt:

-Griechen: Sie machen etwa 86.714 (45%) der ausländischen Bevölkerung aus, was die enge kulturelle und historische Verbindung zwischen Griechenland und Zypern widerspiegelt.

- **Briten:** Etwa 38.540 (20%) der gesamten ausländischen Bevölkerung. Zypern ist ein beliebtes Ziel für britische Expatriates, was auf das Klima, die Sprache (Englisch wird weit verbreitet gesprochen) und historische Verbindungen zurückzuführen ist.
- **Russen:** Ungefähr 19.270 (10%), angezogen durch das Klima, Investitionsmöglichkeiten und die Lebensqualität.
- **Rumänen und Bulgaren:** Jede Gruppe stellt etwa 9.635 (5%) der Ausländer dar, was die Arbeitsmobilität innerhalb der Europäischen Union widerspiegelt.
- **Andere:** Umfassen eine Vielfalt an Nationalitäten, die zusammen etwa 28.905 (15%) der gesamten ausländischen Bevölkerung in Zypern ausmachen.

Wichtige Merkmale und Touristenattraktionen

1. Nikosia (Lefkosia):

Nikosia, die Hauptstadt Zyperns, ist eine Stadt mit reicher Geschichte und bedeutender Handelsaktivität, gekennzeichnet durch ihre einzigartige Position als die letzte geteilte Hauptstadt der Welt.

Mit Wurzeln, die mehr als 4.500 Jahre zurückreichen, ist Nikosia seit dem 10. Jahrhundert das administrative, politische, kulturelle und wirtschaftliche Herz Zyperns.

- **Antike Geschichte und Gründung:** Nikosia entwickelte sich in der Bronzezeit zu einem wichtigen administrativen und Handelszentrum. Im Laufe der Jahrhunderte wurde die Stadt von zahlreichen Zivilisationen beeinflusst, einschließlich Assyrern, Ägyptern, Persern und Römern, aufgrund ihrer strategischen Lage im Mittelmeer.
- **Byzantinische und mittelalterliche Ära:** Während der byzantinischen Periode diente Nikosia als wichtiges administratives und verteidigendes Zentrum.

Der Bau der venezianischen Mauern im 16. Jahrhundert, von denen drei Tore und Teile der Mauern noch erhalten sind, war ein Höhepunkt ihrer defensiven Architektur, die darauf abzielte, die Stadt vor Eindringlingen zu schützen.

- **Osmanische und Britische Herrschaft:** Unter der osmanischen Herrschaft, die 1571 begann, behielt Nikosia seine Bedeutung als Verwaltungszentrum bei. Es war jedoch während der britischen Verwaltungszeit, die 1878 begann, dass Nikosia begann, sich signifikant zu modernisieren, indem neue Infrastrukturen eingeführt und seine Handelsrolle erweitert wurden.
- **Teilung Nikosias:** Die türkische Invasion von 1974 führte zur Teilung Nikosias (und Zyperns), mit der Schaffung der „Grünen Linie", die den südlichen Teil, kontrolliert von den griechischen Zyprern, vom nördlichen Teil trennt, der von den türkischen Zyprern verwaltet wird. Diese Teilung hat tiefgreifende Auswirkungen auf das Leben und die Wirtschaft der Stadt gehabt.
- **Handelsaktivität und Entwicklung:** Heute ist Nikosia ein florierendes Zentrum des Handels und der Geschäftstätigkeit. Der südliche Teil der Stadt beherbergt die Regierung der Republik Zypern sowie zahlreiche Botschaften, Banken und internationale Unternehmen.

Der Dienstleistungssektor, insbesondere der Finanz-, Rechts- und Bildungssektor, spielt eine entscheidende Rolle in der Wirtschaft der Stadt. Die Stadt ist auch ein wichtiges Zentrum des Einzelhandels, mit einer Mischung aus traditionellen Basaren und modernen Einkaufszentren. Die Ledrastraße im Herzen der Altstadt ist ein beliebtes Einkaufs- und Freizeitziel.
- **Herausforderungen und Zukunft:** Nikosia steht vor der einzigartigen Herausforderung, unter dem Schatten der politischen und territorialen Teilung zu operieren und sich zu entwickeln, doch die Stadt bemüht sich weiterhin, ein Treffpunkt für Dialog und Zusammenarbeit zwischen den griechisch-zyprischen und türkisch-zyprischen Gemeinschaften zu sein.

Einige touristische Orte:

- **Die Grüne Linie:** Ist die demilitarisierte Zone, die Nikosia in zwei teilt und den südlichen Teil, der von den griechischen Zyprern kontrolliert wird, vom nördlichen, von den Türken besetzten Teil trennt.
Ein Spaziergang entlang der Grünen Linie bietet eine einzigartige Perspektive auf die jüngste Geschichte Zyperns.
- **Das Archäologische Museum Zyperns:** Ist das führende archäologische Museum der Insel, in dem Artefakte zu sehen sind, die mehr als 8.500 Jahre zyprische Geschichte abdecken, von der neolithischen Ära bis zur römischen Periode.

- **Das Famagusta-Tor:** Ursprünglich eines der drei Tore, die Teil der venezianischen Mauern waren, die die Altstadt umgaben, dient es heute als Kulturzentrum für Ausstellungen und Veranstaltungen.
- **Das Viertel Laiki Geitonia:** Innerhalb der Stadtmauern gelegen, ist dieses restaurierte Fußgängerviertel bekannt für seine gewundenen Straßen, Souvenirläden, Handwerksateliers und traditionellen Cafés.
- **Die Kathedrale von Sankt Johannes:** Eine beeindruckende orthodoxe Kirche mit wunderschönen Fresken im Inneren. Obwohl sie klein ist, machen ihre reiche Dekoration und historische Bedeutung sie zu einem Muss für Besucher.
- **Das Byzantinische Museum:** Beherbergt eine der reichsten Sammlungen byzantinischer Kunst in Zypern, einschließlich Ikonen, Fresken und anderen religiösen Artefakten.
- **Die Venezianische Mauer:** Im 16. Jahrhundert von den Venezianern erbaut, um die Stadt vor Eindringlingen zu schützen, stehen heute Teile der Mauer und einige ihrer Tore und Bastionen noch, die einen Einblick in die militärische Vergangenheit Nikosias bieten.
- **Das Haus des Dragoman Hadjigeorgakis Kornesios:** Eines der am besten erhaltenen osmanischen Häuser und ein beeindruckendes Beispiel städtischer Architektur des 18. Jahrhunderts in Nikosia. Es ist jetzt ein Museum, das zeigt, wie das Leben während der osmanischen Periode war.
- **Das Armenische Viertel und das Armenische Museum:** Erforscht die Geschichte und Kultur der armenischen Gemeinschaft in Zypern, die seit Jahrhunderten Teil der reichen kulturellen Mischung der Insel ist.
- **Die Ledrastraße:** Eine beliebte Einkaufs- und Fußgängerzone, die von Norden nach Süden durch das Zentrum von Nikosia verläuft und die Grüne Linie durchquert. Sie bietet eine breite Palette von Geschäften, Cafés und Aussichtspunkten, um die Dynamik der geteilten Stadt zu beobachten.

2. Limassol (Lemesos):

Limassol, die zweitgrößte Stadt Zyperns, ist bekannt für ihren wichtigen Hafen, die reiche kulturelle Geschichte und das lebhafte Handelsleben.

Strategisch an der Südküste der Insel gelegen, hat Limassol seit der Antike bis heute eine entscheidende Rolle in der Geschichte und Wirtschaft Zyperns gespielt.

- **Antike Geschichte und Ursprünge:** Die ersten Siedlungen in der Region Limassol reichen zurück in die Antike, mit Nachweisen einer Besiedlung, die bis ins zweite Jahrtausend v. Chr. datiert. Die Stadt selbst hat Wurzeln, die bis zu den antiken Stadtstaaten Kourion und Amathus zurückverfolgt werden können, zwei der wichtigsten städtischen Zentren der antiken Welt auf Zypern. Diese nahegelegenen archäologischen Stätten liefern Beweise für die reiche kulturelle und kommerzielle Geschichte der Region.
- **Byzantinische Periode und Mittelalter:** Während der byzantinischen Zeit diente Limassol als wichtiger Hafen und militärische Basis.

Seine Bedeutung setzte sich im Mittelalter fort, insbesondere unter der Herrschaft der Lusignan und der Venezianer, aufgrund seiner strategischen Seelage. Die Burg von Limassol, die im Herzen der Altstadt liegt, stammt aus dieser Zeit und soll der Ort sein, an dem Richard Löwenherz Berengaria von Navarra während des Dritten Kreuzzugs heiratete.
- **Osmanische und Britische Herrschaft:** Unter der osmanischen Herrschaft, die Ende des 16. Jahrhunderts begann, erlebte Limassol eine Phase des Niedergangs. Diese Tendenz kehrte sich jedoch mit der britischen Verwaltung im Jahr 1878 um, die die Modernisierung der Infrastruktur und die Revitalisierung des Hafens mit sich brachte, was den Handel und die wirtschaftliche Aktivität förderte.
- **Moderne Entwicklung und Handelsaktivität:** Im 20. und frühen 21. Jahrhundert hat sich Limassol in ein dynamisches Geschäfts- und Handelszentrum verwandelt. Sein Hafen ist einer der belebtesten des Mittelmeers und bewältigt einen bedeutenden Teil des Seehandels und der Passagierbewegungen Zyperns.

Die Stadt ist auch zu einem wichtigen Zentrum für die Kreuzfahrtindustrie geworden. Darüber hinaus ist Limassol ein Finanz- und Dienstleistungszentrum, das internationale Investitionen und Unternehmen aus aller Welt anzieht. Die Stadt hat eine bemerkenswerte Immobilienentwicklung erlebt, mit dem Bau von modernen Wohnkomplexen, Büros und Einkaufszentren. Veranstaltungen wie der Karneval von Limassol und das Weinfest ziehen sowohl lokale als auch internationale Besucher an und fördern die Kultur und Traditionen Zyperns.

Einige touristische Orte:

- **Das Schloss von Limassol:** Im Herzen der Altstadt gelegen, beherbergt dieses mittelalterliche Schloss das Mittelalterliche Museum von Zypern. Der Legende nach heiratete hier Richard Löwenherz Berengaria von Navarra.
- **Die Strandpromenade von Molos:** Eine lange und schöne Fußgängerzone entlang der Küste, perfekt zum Spazierengehen, Radfahren oder einfach nur zum Genießen der Meeresbrise. Sie ist gesäumt von Palmen, Parks und Spielbereichen.
- **Der Yachthafen von Limassol:** Ein moderner Yachthafen, der Luxusgeschäfte, Restaurants und Bars kombiniert, mit einer beeindruckenden Sammlung von Yachten und Booten. Ein hervorragender Ort, um das luxuriöse Ambiente von Limassol zu genießen.
- **Fasouri Watermania Wasserpark:** Einer der größten Wasserparks in Zypern, bietet eine Vielzahl von Wasserrutschen, Pools und Attraktionen für alle Altersgruppen. Eine spaßige Option für einen Familientag.
- **Kourion:** Eine wichtige archäologische Stätte in der Nähe von Limassol, mit beeindruckenden Ruinen, die ein gut erhaltenes griechisch-römisches Theater, Häuser mit Mosaiken und ein altes Stadion umfassen.
- **Das Heiligtum von Apollon Hylates:** In der Nähe von Kourion gelegen, war dies eines der wichtigsten religiösen Zentren des antiken Zypern, gewidmet dem Gott Apollon. Die Überreste umfassen einen Tempel, eine Säulenhalle und ein heiliges Bad.
- **Das Weinmuseum von Zypern:** In Erimi, nahe Limassol, bietet den Besuchern die Möglichkeit, mehr über die Geschichte des Weins auf der Insel zu erfahren, die mehr als 5.000 Jahre zurückreicht, und lokale Weine zu verkosten.
- **Schloss Kolossi:** Eine Burg, die im 13. Jahrhundert von den Rittern des Johanniterordens erbaut wurde, ist ein hervorragendes Beispiel für mittelalterliche Militärarchitektur und ein perfekter Ort für Geschichtsbegeisterte.
- **Die Salinen von Akrotiri:** Ein wichtiges Feuchtgebiet, das eine Vielzahl von Vögeln anzieht, einschließlich Flamingos zu bestimmten Zeiten des Jahres. Ideal für Naturliebhaber und Vogelbeobachter.

-**Die Altstadt:** Das historische Herz von Limassol mit seinen engen Straßen, Handwerksläden, traditionellen Cafés und Märkten. Es ist der perfekte Ort, um den lokalen Charme zu erleben und Souvenirs zu kaufen.

-**Der Städtische Markt von Limassol:** Ein belebter Markt, auf dem Besucher alles von frischem Obst und Gemüse bis hin zu lokalen Produkten und Handwerkskunst finden können. Es ist eine authentische kulturelle Erfahrung und ein großartiger Ort, um die zyprische Küche zu probieren.

3. Larnaka (Larnaca):

Larnaca, eine der ältesten Städte Zyperns, verbindet harmonisch seine reiche Geschichte mit einer lebhaften modernen Handelsaktivität.

Gelegen an der Südostküste der Insel, ist Larnaca bekannt für seine faszinierende Mischung aus kulturellen Einflüssen, das Ergebnis von tausenden Jahren Geschichte, und seine strategische Lage im Mittelmeer, die es zu einem wichtigen Hafen und Handelszentrum im Laufe der Jahrhunderte gemacht hat.

-**Antike Geschichte:** Die Gegend um Larnaca war seit prähistorischen Zeiten besiedelt, wie archäologische Funde in der Gegend belegen. In der Antike war die Stadt als Kition bekannt, oder Citium in Spanisch, gegründet von den Phöniziern im 13. Jahrhundert v. Chr. Kition war ein wichtiges Handels- und Seefahrtszentrum, dank seines natürlichen Hafens und seiner Lage an den Handelsrouten des Mittelmeers. Die Stadt hatte starke Verbindungen zur phönizischen und griechischen Welt, was sich in den archäologischen Überresten zeigt, die Heiligtümer und Befestigungen umfassen.

-**Byzantinische Periode und Mittelalter:** Während der byzantinischen Ära blieb Larnaca ein wichtiger Ankerplatz und Handelszentrum. Im Mittelalter, unter der Herrschaft der Lusignan und später der Venezianer, behielt Larnaca seine Bedeutung bei, dank seines Hafens, der eine entscheidende Rolle im Handel zwischen Ost und West spielte.

- **Moderne Ära:** Mit der Ankunft der osmanischen Herrschaft im 16. Jahrhundert wurde Larnaca zum Tor nach Zypern und empfing Diplomaten, Händler und Pilger. Während der britischen Periode, die 1878 begann, wurde die Infrastruktur der Stadt modernisiert und ihr Hafen erweitert, was ihre Rolle als wichtiger Handelsknotenpunkt weiter festigte.
- **Zeitgenössische Handelsaktivität:** Heute ist Larnaca sowohl ein beliebtes Touristenziel als auch ein florierendes Handelszentrum. Sein Flughafen, der Internationale Flughafen Larnaca, ist einer der zwei Hauptzugangspunkte nach Zypern und erleichtert sowohl Handel als auch Tourismus. Die Stadt bleibt auch ein wichtiger Hafen, der Fracht und Passagiere abfertigt.

Larnaca profitiert zudem von einer lebhaften Handelsszene, mit einer Mischung aus traditionellen Läden und modernen Einkaufszentren, die alles von lokalem Kunsthandwerk bis zu internationalen Marken anbieten. Die Stadt ist bekannt für ihre Salzproduktion und hat Dienstleistungs-, Bildungs- und Immobiliensektoren entwickelt.

Einige touristische Orte:

- **Der Salzsee von Larnaca (Alyki):** Ein geschütztes Naturgebiet, das im Winter Flamingos und andere Zugvögel anzieht. Der See ist auch bekannt für die nahegelegene Moschee Hala Sultan Tekke, eine heilige Stätte für Muslime.
- **Die Kirche von Sankt Lazarus (Agios Lazaros):** Eine beeindruckende orthodoxe Kirche aus dem 9. Jahrhundert, erbaut über dem Grab von Lazarus, dem Freund Jesu, der nach der Überlieferung nach seiner Auferstehung in Larnaca lebte. Die Kirche ist ein hervorragendes Beispiel byzantinischer Architektur in Zypern.
- **Die Festung von Larnaca:** Eine mittelalterliche Burg, die heute als Museum dient und spektakuläre Meerblicke von ihren Mauern bietet. Es wird angenommen, dass sie während der Herrschaft von Jakob I. von Zypern (14. Jahrhundert) erbaut wurde und wurde als Gefängnis und Kaserne genutzt.
- **Die Strandpromenade von Finikoudes:** Einer der berühmtesten Strände Zyperns, bekannt für seine Palmen und seine belebte Allee voller Cafés, Bars und Restaurants. Es ist der perfekte Ort, um die mediterrane Sonne und die zyprische Gastfreundschaft zu genießen.

- **Das Archäologische Museum des Bezirks Larnaca:** Hier können Besucher Artefakte erkunden, die von der Vorgeschichte bis zur römischen Zeit reichen und einen Einblick in die reiche Geschichte der Region bieten.
- **Kamares Aquädukt:** Ein beeindruckendes Aquädukt aus dem 18. Jahrhundert, bekannt als die Kamares, das zur Wasserzufuhr nach Larnaca aus einer Quelle 10 km entfernt genutzt wurde. Seine elegante Konstruktion und die Reihe von Bögen machen es zu einem fotogenen Ort.
- **Der Hafen und die Marina von Larnaca:** Ein belebter Ort zum Spazierengehen, mit einer Mischung aus traditionellen Fischerbooten und luxuriösen Yachten. Das Gebiet bietet auch eine gute Auswahl an Restaurants und Cafés.
- **Pierides Museum:** Beherbergt eine der ältesten privaten Sammlungen Zyperns, die mehr als 4.000 Jahre Geschichte der Insel umfasst, einschließlich Artefakte aus der Bronzezeit, griechisch-römischen Perioden und byzantinischer Kunst.
- **Die Hala Sultan Tekke Moschee:** In der Nähe des Salzsees von Larnaca gelegen, ist diese Moschee einer der heiligsten Orte des Islams außerhalb von Saudi-Arabien. Der Legende nach ist es die Ruhestätte von Umm Haram, einer Tante Mohammeds.
- **Das archäologische Gebiet von Choirokoitia:** Obwohl etwas entfernt von Larnaca, ist diese prähistorische Stätte eine der wichtigsten neolithischen Siedlungen im östlichen Mittelmeer und wurde von der UNESCO zum Weltkulturerbe erklärt.

4. Paphos (Pafos):

Paphos, an der Südwestküste Zyperns gelegen, ist eine Stadt von großer historischer und kultureller Bedeutung sowie ein wichtiger Touristenort.

Ihre Geschichte erstreckt sich von der Vorgeschichte bis in die Gegenwart und umfasst hellenistische, römische, byzantinische, frankische, venezianische, osmanische und britische Perioden.

- **Antike Geschichte und Ursprünge:** Paphos ist in der griechischen Mythologie als Geburtsort der Aphrodite, der Göttin der Liebe und Schönheit, bekannt, was seit der Antike Besucher in die Region gezogen hat. Die Stadt war die Hauptstadt des Königreichs Zypern während der hellenistischen und römischen Zeit, was zu ihrem Reichtum und ihrer Entwicklung beitrug.

Die archäologische Stätte von Nea Pafos ist ein Zeugnis dieser goldenen Ära, mit beeindruckenden Mosaiken aus dem 3. Jahrhundert n. Chr., die zu den schönsten im Mittelmeerraum gezählt werden.

-**Mittelalter bis zur Moderne:** Während des Mittelalters verlor Paphos zugunsten anderer Städte auf Zypern an Bedeutung. Dennoch behielt es seine Relevanz als kirchliches Zentrum. Unter osmanischer und später britischer Herrschaft verwandelte sich Paphos langsam, erlangte jedoch erst im 20. Jahrhundert wieder seinen alten Glanz.

-**Handelsaktivität:** Die Wirtschaft von Paphos dreht sich heutzutage hauptsächlich um den Tourismus. Die Stadt bietet eine breite Palette an touristischen Dienstleistungen, einschließlich Hotels, Restaurants, Bars und Freizeitaktivitäten wie Golf, Tauchen und Wandern.

Paphos ist auch bekannt für seinen Hafen, der sowohl ein Zentrum kommerzieller Aktivitäten als auch ein Ausgangspunkt für Kreuzfahrten und Seetouren ist.

Das Kulturfestival von Paphos und das Opernfestival von Paphos ziehen mit Musik-, Tanz- und Theateraufführungen internationale und lokale Besucher an. Zudem wurde die Stadt 2017 zur Europäischen Kulturhauptstadt ernannt, was die Erneuerung ihrer kulturellen Infrastruktur vorantrieb und ihr internationales Profil erhöhte.

Einige touristische Orte:

-**Archäologischer Park von Paphos:** Eine weitläufige Stätte, die beeindruckende antike Ruinen beherbergt, darunter gut erhaltene römische Mosaikhäuser, die mythologische Szenen darstellen, das Odeon und die Überreste von Palästen und Gräbern.

-**Die Königsgräber:** Ein beeindruckendes Grabkomplex aus dem 4. Jahrhundert v. Chr., der sich über ein weites Gebiet erstreckt. Trotz seines Namens war die Stätte die Ruhestätte von hohen Beamten und Aristokraten eher als von Königen.

-**Das Schloss von Paphos:** Gelegen am Rande des Hafens, wurde dieses byzantinische Schloss im 13. Jahrhundert von den Lusignan wieder aufgebaut und später von den Osmanen verstärkt. Es bietet wunderbare Aussichten auf den Hafen und ist ein beliebter fotografischer Anziehungspunkt.

-**Der Leuchtturm von Paphos:** In der Nähe des Archäologischen Parks gelegen, ist dieser Leuchtturm ein idealer Ort, um die Panoramaaussicht auf die Küste und die umliegende Landschaft zu genießen.

- **Aphrodites Felsen (Roca de Afrodita):** Laut Mythologie ist dieser beeindruckende Felsen, der aus dem Meer ragt, der Geburtsort von Aphrodite, der griechischen Göttin der Liebe und Schönheit.
Er befindet sich zwischen Paphos und Limassol und ist ein großartiger Ort, um den Sonnenuntergang zu bewundern.
- **Die Bäder der Aphrodite:** Gelegen auf der Halbinsel Akamas, wird gesagt, dass diese natürliche Wasserstelle der Badeplatz von Aphrodite war.
Die umliegende Gegend, voller Naturpfade, eignet sich hervorragend zum Wandern und zum Genießen der lokalen Flora und Fauna.
- **Die Kirche von Panagia Chrysopolitissa:** An dieser Stätte befindet sich die Säule des Heiligen Paulus, wo der Apostel, der Tradition nach, gegeißelt wurde, bevor er den römischen Gouverneur zum Christentum bekehrte.
Die Überreste einer Basilika aus dem 4. Jahrhundert können hier ebenfalls erkundet werden.
- **Das Kloster von Agios Neophytos:** Gegründet vom Mönch und Einsiedler Neophytos im 12. Jahrhundert, beherbergt dieses Kloster beeindruckende byzantinische Fresken und bietet Einblicke in das klösterliche Leben auf Zypern.
- **Der Wald von Paphos:** Eine weite und grüne Oase, die Frische und eine großartige Gelegenheit zur Vogelbeobachtung bietet, insbesondere im Cedar Valley, wo man endemische zyprische Zedern sehen kann.
- **Das Byzantinische Museum:** Gelegen im Zentrum von Paphos, beherbergt dieses Museum eine reiche Sammlung byzantinischer Ikonen und anderer religiöser Artefakte, die aus dem 9. bis zum 18. Jahrhundert stammen.

5. Ayia Napa:

Ayia Napa, an der Südostküste Zyperns gelegen, hat sich von einem ruhigen Fischerdorf zu einem der beliebtesten Touristenziele der Insel entwickelt, bekannt für seine schönen Strände und das lebhafte Nachtleben.

Trotz seines heutigen Rufs als Zentrum für Freizeit und Unterhaltung hat Ayia Napa auch eine reiche kulturelle und religiöse Geschichte.

- **Antike Geschichte und Ursprünge:** Der Name „Ayia Napa" wird als „Heilige Napa" übersetzt, abgeleitet von einem Wort, das im Altgriechischen „heiliger Wald" bedeutet. Der Legende nach entdeckte ein Jäger ein Ikon der Jungfrau Maria in einer versteckten Höhle im Wald, was dem Ort seinen Namen gab und zur Gründung des Klosters führte, das noch heute im Herzen von Ayia Napa steht.

-**Entwicklung und Wachstum:** Über Jahrhunderte hinweg blieb Ayia Napa eine kleine landwirtschaftliche und Fischer-Gemeinde, die aufgrund ihrer Lage am östlichen Ende Zyperns relativ isoliert war. Jedoch begann sich das Blatt in den 1970er Jahren zu wenden, als Zypern begann, seine Tourismusindustrie zu entwickeln. Die beeindruckenden Strände mit weißem Sand und das kristallklare Wasser machten Ayia Napa zu einem attraktiven Ziel für Touristen.
-**Wirtschaftsaktivität:** Die Wirtschaft von Ayia Napa dreht sich größtenteils um den Tourismus. Die Stadt bietet eine breite Palette an Aktivitäten, von Wassersport und Tauchen bis hin zu Bootsausflügen und Musikveranstaltungen. Der WaterWorld Wasserpark, der im Thema des antiken Griechenlands gestaltet ist, zählt zu den größten Wasserparks Europas und ist eine bedeutende Attraktion für Familien. Die Gegend ist auch bekannt für ihr vielfältiges kulinarisches Angebot, das sowohl traditionelle zyprische Küche als auch internationale Optionen umfasst. Lokale Märkte und Geschäfte verkaufen Handwerkskunst, Souvenirs und typische Produkte der Insel.

Einige touristische Orte:

-**Kloster von Ayia Napa:** Im Herzen von Ayia Napa gelegen, ist dieses Kloster aus dem 16. Jahrhundert eine Oase der Ruhe und Gelassenheit. Errichtet rund um eine Höhle, ist das Kloster ein schönes Beispiel mittelalterlicher Architektur und einer der am meisten fotografierten Orte der Stadt.
-**Nissi Beach:** Berühmt für sein türkisfarbenes Wasser und seinen feinen, goldenen Sand, ist Nissi Beach einer der beliebtesten Strände Zyperns.
Es ist der perfekte Ort, um die Sonne zu genießen, Wassersport zu betreiben und an Strandpartys teilzunehmen.
-**Nationalpark Forest of Cape Greco:** Ein Gebiet von außergewöhnlicher natürlicher Schönheit, ideal zum Wandern, Radfahren und Erkunden. Der Park bietet atemberaubende Meerblicke, Felsformationen, Höhlen und eine reiche Biodiversität.
-**Meereshöhlen von Ayia Napa:** In der Nähe von Cape Greco gelegen, sind diese Höhlen vom Meer aus zugänglich und ein beliebter Ort für Tauchen und Schwimmen. Die Felsformationen und das klare Wasser schaffen eine beeindruckende Umgebung zum Erkunden.

- **Städtisches Meeresmuseum - THALASSA:** Dieses Museum widmet sich dem Einfluss des Meeres auf die Geschichte Zyperns und zeigt von antiken Artefakten bis hin zu moderner Meeresfauna. Das Herzstück ist eine Replik eines antiken griechischen Handelsschiffs.
- **WaterWorld Themed Waterpark:** Einer der größten Wasserparks Europas, gestaltet nach der griechischen Mythologie. Er bietet eine Vielzahl von Rutschen, Pools und Wasserattraktionen für alle Altersgruppen.
- **Konnos Strand:** Ein wunderschöner und ruhiger Strand zwischen Ayia Napa und Protaras. Umgeben von bewachsenen Hügeln, ist er ideal für diejenigen, die einen entspannten Ort zum Schwimmen und Sonnenbaden suchen.
- **Liebesbrücke (Love Bridge):** Eine beeindruckende natürliche Felsformation in Form eines Bogens über dem Meer. Es ist ein beliebter Ort für Fotografien und gemäß der Legende werden Paare, die sich auf der Brücke küssen, ewige Liebe erfahren.
- **Zentralplatz von Ayia Napa:** Das pulsierende Herz der Stadt, voller Restaurants, Cafés, Bars und Geschäfte. Im Sommer wird der Platz zum Zentrum des Nachtlebens und der Unterhaltung.
- **Potamos Liopetriou:** Ein malerisches Fischerdorf mit traditionellen Häusern und bunten Booten, ideal um die authentische zyprische Küche in einer ruhigen Umgebung zu genießen.

6. Famagusta (Ammochostos):

Famagusta, gelegen an der Ostküste Zyperns, ist eine Stadt mit einer reichen Geschichte, die bis in die Antike zurückreicht.

Über die Jahrhunderte war sie ein wichtiges Handels- und Kulturzentrum, dessen Bedeutung mit dem Wechsel der Dynastien, Imperien und kulturellen Einflüssen schwankte.

Die Geschichte Famagustas ist geprägt von Perioden großen Wohlstands und tragischen Zerstörungen, was ein Erbe an historischen Monumenten und ein reiches kulturelles Erbe hinterlassen hat.

- **Ursprünge und Antike:** Es wird angenommen, dass Famagusta um das 3. Jahrhundert v. Chr. gegründet wurde, obwohl das Gebiet schon viel früher besiedelt war. Ursprünglich als Arsinoe bekannt, florierte die Stadt unter der ptolemäischen und später römischen Herrschaft und profitierte von ihrer strategischen Lage für den Seehandel zwischen Ost und West.
- **Byzantinische Periode:** Während der byzantinischen Zeit diente Famagusta als wichtiges Handels- und Verteidigungszentrum. Die Stadt litt jedoch unter Angriffen und Belagerungen, einschließlich arabischer Invasionen, die ihr Schicksal beeinflussten, bis die Kreuzfahrer ankamen.
- **Blütezeit im Mittelalter:** Die wahre Blütezeit Famagustas begann unter der Herrschaft der Lusignan im 13. Jahrhundert, als sie zu einem der wichtigsten Häfen des Mittelmeers wurde. Die Stadt zog Händler aus aller Welt an, und ihr Reichtum spiegelte sich im Bau prächtiger gotischer Kirchen und öffentlicher Gebäude wider. Die Ankunft der Genuesen und später der Venezianer setzte diese Ära des Wohlstands fort und machte Famagusta zu einem zentralen Punkt für Handel und Kultur.
- **Venezianische und osmanische Herrschaft:** Unter venezianischer Herrschaft (ab 1489) wurde Famagusta massiv befestigt, um sich gegen die wachsenden osmanischen Bedrohungen zu schützen. 1571 fiel die Stadt jedoch nach einer langen Belagerung in osmanische Hände. Der Fall von Famagusta markierte das Ende der venezianischen Präsenz auf Zypern und den Beginn einer langen Periode des Niedergangs für die Stadt, da sich das Zentrum des Handels und der Macht auf andere Teile des Reiches verlagerte.
- **Moderne Ära:** Nach der osmanischen Herrschaft kam Famagusta 1878 unter britische Kontrolle. Die Stadt erlebte eine Wiederbelebung als Handelshafen, insbesondere nach dem Bau der Eisenbahn, die sie mit dem Inneren Zyperns verband. Die Teilung Zyperns im Jahr 1974 und die türkische Invasion führten jedoch zur Evakuierung und zum Verlassen von Varosha, einem blühenden touristischen Bezirk von Famagusta, der zu einer Geisterstadt wurde.

-**Aktuelle Handelsaktivitäten:** Heute ist Famagusta bekannt für seine Universität und als Bildungszentrum. Der Teil der Stadt, der unter der Kontrolle der Türkischen Republik Nordzypern steht, hat Entwicklungen im Tourismus und im Bildungsbereich erlebt, mit der Eröffnung neuer Universitäten, die internationale Studenten anziehen. Der Tourismus konzentriert sich auf das reiche kulturelle Erbe der Stadt und ihre herrlichen Strände, obwohl der Distrikt Varosha unzugänglich bleibt.

Einige touristische Orte:

-**Die Mauern von Famagusta und das Othello-Bollwerk:**
Die beeindruckenden mittelalterlichen Mauern umgeben die Altstadt von Famagusta, mit dem Othello-Bollwerk, bekannt dafür, Shakespeare zu seinem Werk „Othello" inspiriert zu haben. Die Mauern und das Bollwerk bieten einen faszinierenden Einblick in die militärische Architektur der Zeit.

-**Die Kathedrale von St. Nikolaus (Lala Mustafa Pasha Moschee):** Ursprünglich im 14. Jahrhundert als gotische Kathedrale erbaut, dient sie heute als Moschee. Sie ist eines der beeindruckendsten Beispiele gotischer Architektur im östlichen Mittelmeerraum.

-**Der Bischofspalast:** In der Nähe der Kathedrale von St. Nikolaus befinden sich die Überreste des Bischofspalastes, die ein weiteres Zeugnis der reichen Geschichte von Famagusta sind.

-**Die Kirche von St. Georg der Griechen:** Ein weiteres großartiges Beispiel gotischer Architektur, obwohl in Ruinen, bewahrt diese Kirche immer noch ihre Grandiosität und erinnert an die Bedeutung von Famagusta während des Mittelalters.

-**Das Kloster von St. Barnabas:** In der Nähe von Famagusta gelegen, ist dieses Kloster, das dem Heiligen Barnabas, dem Schutzpatron Zyperns, gewidmet ist, beherbergt ein Museum für Ikonen und religiöse Artefakte.

-**Die antike Stadt (Salamis):** Einige Kilometer nördlich von Famagusta gelegen, sind die Ruinen von Salamis eine der wichtigsten archäologischen Stätten Zyperns mit einem gut erhaltenen Theater, einem Gymnasium und römischen Bädern.

- **Der Strand von Varosha:** Obwohl Varosha, das einst beliebte und jetzt verlassene Strandgebiet, nicht für die Öffentlichkeit zugänglich ist, sind die nahegelegenen Strände um Famagusta einige der schönsten in Zypern und bieten kristallklares Wasser und feinen Sand.
- **Das Canbulat-Museum:** Benannt nach dem osmanischen Kommandanten, der eine entscheidende Rolle bei der Eroberung von Famagusta spielte, befindet sich dieses Museum in einem der Stadttore und zeigt die militärische Geschichte der Region.
- **Der Othello-Turm:** Er ist Teil der mittelalterlichen Festungsanlagen und bietet ausgezeichnete Aussichten auf die Altstadt und das Meer. Obwohl er oft mit dem Othello-Bollwerk verwechselt wird, sind beide aufgrund ihrer historischen Bedeutung einen Besuch wert.
- **Der Alte Hafen:** Obwohl kleiner und weniger aktiv als in seiner Blütezeit, bietet der Hafen eine charmante Promenade mit Blick auf Boote und Yachten, umgeben von Cafés und Restaurants, in denen man die lokale Küche genießen kann.

33
TYPISCHE GERICHTE

Die typische Küche Zyperns spiegelt die reiche kulturelle Geschichte und die kulinarischen Einflüsse wider, die die Insel über die Jahrhunderte erhalten hat. Sie kombiniert Elemente der griechischen, türkischen und nahöstlichen Küchen.

Hier sind einige der typischen Gerichte:

-**Meze:** Ähnlich den spanischen Tapas, ist die zyprische Meze eine Serie von kleinen Gerichten, die zusammen serviert werden und eine breite Palette von Geschmäcken bieten. Dazu können Oliven, Tahini, Tzatziki und Hummus sowie Fleisch- und Fischgerichte gehören.
-**Souvla:** Große Stücke Fleisch (oft Lamm, Schwein oder Huhn), die auf einem langen Spieß gegrillt werden. Es ist ein sehr beliebtes Gericht bei Familientreffen und Festlichkeiten.
-**Halloumi:** Ein halbfester, salziger Käse, der gebraten oder gegrillt werden kann, ohne zu schmelzen, dank seines hohen Schmelzpunktes. Er stammt aus Zypern und wird oft mit gegrilltem Gemüse oder als Teil eines Meze serviert.
-**Sheftalia:** Gegrillte Würstchen, umhüllt in einem Netz aus Fett, typischerweise aus Schwein oder Lamm, gewürzt mit Zwiebeln, Petersilie und Gewürzen.
-**Moussaka:** Obwohl es ein bekanntes Gericht in verschiedenen Küchen des Balkans und des Nahen Ostens ist, enthält die zyprische Version oft Schichten aus Hackfleisch und Auberginen, überzogen mit einer Bechamelsauce und gebacken.
-**Kleftiko:** Langsam in seinem eigenen Saft gekochtes Lamm, das so zart ist, dass es auseinanderfällt, traditionell in einem versiegelten Lehmofen zubereitet. Es wird vor dem Kochen mit Knoblauch, Zitrone und Kräutern mariniert.
-**Koupepia:** Auch bekannt als Dolmas in anderen Regionen, sind dies mit einer Mischung aus Fleisch und Reis gefüllte Weinblätter, die in einer Tomatensauce gekocht werden.

- **Loukoumades:** Ein Dessert aus kleinen, frittierten Teigbällchen, die außen knusprig und innen fluffig sind. Anschließend werden sie in Honig oder Sirup getaucht und mit Zimt und manchmal auch mit zerstoßenen Nüssen bestreut.
- **Louvi:** Ein einfaches, aber nahrhaftes Gericht aus schwarzen Bohnen und Mangold, oft serviert mit gehackten Zwiebeln und Olivenöl.
- **Afelia:** Stücke von Schweinefleisch, mariniert in Rotwein und mit Koriander gewürzt, bevor sie gekocht werden. Es ist ein traditionelles Gericht, das oft mit Kartoffeln oder Bulgur serviert wird.
- **Tzatziki:** Obwohl in verschiedenen Küchen des östlichen Mittelmeerraums verbreitet, ist diese dicke Joghurtsauce mit Gurke, Knoblauch, Olivenöl und manchmal Minze in Zypern eine häufige Beilage zu vielen Gerichten, insbesondere zu Fleisch.
- **Makaronia tou Fournou:** Auch bekannt als Pastitsio in Griechenland, ist dies ein überbackenes Pastagericht, das Schichten aus Makkaroni, Hackfleisch und einer cremigen Bechamel-Sauce enthält.
- **Tarhana:** Eine dicke und nahrhafte Suppe aus fermentierten Getreiden und Joghurt, oft angereichert mit Gemüse und Fleischstücken.
- **Fasolada:** Eine weiße Bohnensuppe, die als das Nationalgericht Zyperns gilt, reich an Gemüse und gewürzt mit Lorbeerblättern und Olivenöl.
- **Elioti:** Ein Olivenbrot, oft gewürzt mit Zwiebeln und Kräutern. Es ist in Bäckereien weit verbreitet und passt perfekt zu Meze.
- **Flaounes:** Gebackene Teigtaschen, die typischerweise zur Osterzeit hergestellt werden, gefüllt mit einer Mischung aus Käse, Eiern und Minze, manchmal auch mit Rosinen.
- **Loukaniko:** Zypriotische Wurst, gewürzt mit Wein und oft mit Koriandersamen und Orange, die sowohl frisch als auch gepökelt serviert werden kann.
- **Trachanas:** Ein Gericht aus fermentiertem, zerkleinertem Getreide gemischt mit Joghurt oder fermentierter Milch, oft heiß serviert mit Stücken von Halloumi oder Kielbasa.
- **Glyko tou koutaliou:** Eine Art süßes Kompott aus ganzen Früchten oder Nüssen, die langsam in Sirup gekocht werden, bis sie karamellisieren. Es wird in kleinen Portionen als Gastfreundschaftsgeste serviert, begleitet von kaltem Wasser oder Kaffee.

34
KURIOSITÄTEN

-Insel der Katzen: Eines der bemerkenswertesten Details über Zypern ist die große Katzenpopulation der Insel. Es wird gesagt, dass diese Tiere im 4. Jahrhundert von der Heiligen Helena auf die Insel gebracht wurden, um die Schlangenpopulation zu kontrollieren. Katzen werden auf der Insel sehr respektiert und geliebt, und man findet viele Heiligtümer und Menschen, die sich um sie kümmern. Es gibt auch eine Rasse namens zypriotische Katze oder "Aphrodite Riese". Diese Katzen sind groß, mit muskulösen Körpern und einem freundlichen Wesen, und man glaubt, dass sie seit antiken Zeiten auf der Insel sind.

-Halloumi-Kultur: Zypern ist berühmt für seinen Halloumi-Käse, der weltweit bekannt ist. Dieser Käse hat einen hohen Schmelzpunkt, was ihn ideal zum Braten oder Grillen macht. Halloumi ist ein zentrales Element der zyprischen Küche und war Gegenstand von "Kulturkriegen" um die Herkunftsbezeichnung zwischen Zypern und anderen Ländern.

-Die Legende von Aphrodite: Nach der griechischen Mythologie wurde Aphrodite, die Göttin der Liebe und Schönheit, auf Zypern geboren. Der spezifische Ort, der mit ihrer Geburt verbunden wird, ist der Aphroditefelsen in der Nähe von Paphos, eine beliebte Stätte sowohl für Touristen als auch für Mythologiebegeisterte. Besucher halten oft an, um einen Stein als Souvenir aufzuheben oder um den Felsen zu schwimmen, in der Hoffnung, ewige Liebe zu finden.

-Commandaria-Wein: Zypern ist die Heimat des Commandaria-Weins, der als einer der ältesten noch produzierten Weine der Welt gilt. Es wird gesagt, dass er seit über 4000 Jahren auf die gleiche Weise hergestellt wird. Dieser süße Wein wurde erstmals während der Zeit der Kreuzfahrer dokumentiert, die ihn "den Wein der Könige" nannten.

-Religiöse Reliquien: Zypern hat einen besonderen Platz im Christentum aufgrund seiner Verbindungen zu Paulus, der die Insel zusammen mit Barnabas besuchte. Die lokale Legende erzählt, dass Paulus in Paphos geschlagen wurde, was ihm Narben hinterließ. Zudem wird geglaubt, dass die "Säule des Heiligen Paulus" in Paphos der Ort ist, an dem er gefesselt und gepeitscht wurde.

-Einzigartige Biodiversität: Die Insel ist ein entscheidender Zwischenstopp für Millionen von Zugvögeln. Zypern liegt auf einer Hauptmigrationsroute und etwa 15% der Vögel Europas passieren jedes Jahr auf ihrem Weg zwischen Europa und Afrika die Insel.

-Endemische Flora: Zypern beherbergt mehr als 125 Pflanzenarten, die nirgendwo anders auf der Welt vorkommen. Die Insel ist besonders bekannt für ihre endemischen Orchideenarten, was sie zu einem bedeutenden Ort für Botaniker und Naturliebhaber macht.

-Erste Demokratie der Welt: Es wird angenommen, dass der antike Stadtstaat Salamis auf Zypern eine der ersten war, die eine Art Demokratie praktizierten, sogar vor dem antiken Griechenland. Diese Tatsache unterstreicht die historische Bedeutung Zyperns als ein Zentrum kultureller und politischer Aktivität im antiken Mittelmeerraum.

-Sport und Leidenschaft: Fußball ist der beliebteste Sport in Zypern, mit intensiver Rivalität zwischen den Hauptclubs. Spiele zwischen Teams wie APOEL FC und Omonia Nikosia ziehen große Menschenmengen an und zeigen die sportliche Begeisterung der Zyprer.

-Kaffeekultur: Kaffee ist ein wesentlicher Bestandteil des sozialen Lebens in Zypern. Zyprischer Kaffee wird in einem kleinen Kupferkessel zubereitet und mit einem dicken Satz serviert. Kaffeetrinken in Zypern bedeutet oft lange Gespräche und die Gelegenheit, sich mit Freunden und Familie zu entspannen.

- **Monte Olimpo:** Der höchste Punkt Zyperns ist der Berg Olympos, gelegen im Troodos-Gebirge. Er ist nicht nur ein beliebtes Touristenziel zum Skifahren während der Wintermonate, sondern auch ein hervorragender Ort zum Wandern und Genießen der Natur während des Rests des Jahres.

- **Die Kyrenia-Schale:** Eines der faszinierendsten Artefakte, die in Zypern entdeckt wurden, ist die Kyrenia-Schale, ein Keramikstück aus dem 4. Jahrhundert v. Chr., das seine Farbe ändert, wenn Wein statt Wasser eingegossen wird, aufgrund seiner chemischen Eigenschaften.

- **Der Wunschbaum:** Im Kloster von Ayia Napa steht ein alter Feigenbaum, bekannt als der "Wunschbaum". Besucher binden oft Stücke von Stoff oder Papier mit ihren geschriebenen Wünschen an die Äste des Baumes in der Hoffnung, dass sie in Erfüllung gehen.

- **Das Salz von Larnaca:** Der Salzsee von Larnaca ist nicht nur für seine natürliche Schönheit bekannt, sondern auch als wichtiger Lebensraum für Zugvögel, einschließlich Flamingos, die hier im Winter Rast machen. Während des Sommers trocknet der See aus und das Salz kann gesammelt werden, eine Praxis, die seit Jahrhunderten Teil der lokalen Wirtschaft ist.

- **Das Wasser von Zallogou:** In Zypern gibt es eine einzigartige Tradition im Zusammenhang mit der Taufzeremonie, die als "Wasser von Zallogou" bekannt ist. Während dieser Zeremonie wirft der Pate Münzen in das Wasser, in dem das Kind getauft wird, um ihm Glück und Wohlstand zu bringen.

- **In Fels gehauene Kirchen:** In den Bergen Zyperns findet man mehrere Kirchen und Kapellen, die direkt in den Fels gehauen sind, einige davon stammen aus den frühesten Zeiten des Christentums. Diese Orte sind nicht nur spirituell, sondern auch beeindruckende architektonische Kunstwerke.

- **Der Olivenanbau:** Zypern hat eine lange Geschichte des Olivenanbaus, einige der Olivenbäume sind über tausend Jahre alt. Das zyprische Olivenöl wird wegen seiner Qualität hoch geschätzt und ist eine wesentliche Zutat in vielen lokalen Gerichten.

- **Liebesbrücke:** In Ayia Napa befindet sich eine natürliche Felsformation, bekannt als die Liebesbrücke.
Laut einer lokalen Legende werden Paare, die sich küssen, während sie auf der Brücke stehen, mit ewiger Liebe gesegnet. Es ist ein beliebter Ort sowohl für Touristen als auch für Einheimische.

- **Blumenfestival:** Im Mai feiert Zypern das Blumenfestival, ein Ereignis, das den Beginn des Frühlings markiert. Während dieses Festivals füllen sich Städte und Dörfer mit Paraden, Musik und natürlich überall Blumen, wobei die Bewohner aufwendige Blumenarrangements präsentieren.

- **Das Rätsel von Amathus:** Amathus ist eine der ältesten archäologischen Stätten Zyperns mit Überresten, die bis 1100 v.Chr. zurückreichen. Es war eine der antiken Stadtstaaten Zyperns und legendär wird angenommen, dass es von einem der Söhne des Herakles gegründet wurde.

- **Die Kirche des Heiligen Lazarus:** In Larnaca befindet sich die beeindruckende Kirche des Heiligen Lazarus, ein prächtiges Beispiel byzantinischer Architektur aus dem 9. Jahrhundert. Der Überlieferung nach wurde Lazarus von Bethanien, den Jesus von den Toten auferweckte, Bischof von Larnaca und soll hier begraben sein.

- **Zedernwald:** Zypern beherbergt einen Zedernwald in der Region Troodos, der weniger bekannt ist als der berühmte Zedernwald des Libanon, aber ebenso beeindruckend.
Dieser Wald bietet eine spektakuläre Landschaft und ist ein hervorragender Ort zum Wandern und Genießen der Natur.

Wenn du dieses Buch, das alle Prozesse zur Gründung deines Unternehmens in Zypern und zum Wohnsitz in diesem Land beschreibt, um Steuern zu optimieren und deine Lebensqualität zu verbessern, als nützlich und aufschlussreich empfunden hast, laden wir dich ein, deine Eindrücke durch eine Rezension auf Amazon zu teilen.

Wir schätzen deine Meinung sehr, da sie sowohl für uns als auch für andere Unternehmer, die nach zuverlässigen und praktischen Informationen suchen, wie man sich in Zypern niederlässt, um von dessen günstigem Steuerregime zu profitieren, von entscheidender Bedeutung ist.

Wir verstehen, dass das Schreiben einer Rezension mühsam erscheinen kann, aber wir bitten dich, dir einige Minuten Zeit zu nehmen, um deine Gedanken und Erfahrungen auszudrücken.

Dein Feedback hilft uns nicht nur, uns zu verbessern, sondern unterstützt auch andere in ihrem unternehmerischen Vorhaben.

Wir danken dir zutiefst für deine Unterstützung.

☆ ☆ ☆ ☆ ☆

Wenn du dein Unternehmen in Zypern gründen möchtest oder eine persönliche Beratung benötigst, um deine steuerliche Situation gründlich zu verstehen, kontaktiere uns über:

-Unsere Webseite: **www.solucionfiscalchipre.com**
-E-Mail: **cyprustaxsolution@gmail.com**
-Mobiltelefon mit WhatsApp: **+357 99953934**

Wir wünschen dir, dass die Optimierung deiner Steuern eine greifbare und effektive Realität wird!

www.ingramcontent.com/pod-product-compliance
Lightning Source LLC
Chambersburg PA
CBHW070301230526
45470CB00002B/675